〔日〕稻盛和夫 著

曹岫云 译

领导者的资质

机械工业出版社

CHINA MACHINE PRESS

图书在版编目（CIP）数据

领导者的资质 /（日）稻盛和夫著；曹岫云译 . —北京：机械工业出版社，2014.6（2025.10重印）

ISBN 978-7-111-47025-0

I. 领…　II. ①稻…　②曹…　III. 企业领导学　IV. F272.91

中国版本图书馆 CIP 数据核字（2014）第 119713 号

领导者的资质

出版发行：机械工业出版社（北京市西城区百万庄大街 22 号　邮政编码：100037）
责任编辑：王金强
责任校对：殷　虹
印　　刷：中煤（北京）印务有限公司
版　　次：2025 年 10 月第 1 版第 36 次印刷
开　　本：147mm×210mm　1/32
印　　张：8
书　　号：ISBN 978-7-111-47025-0
定　　价：69.00 元

客服电话：（010）88361066　68326294

目录

真正的领导者应该是"以爱为根基的反映民意的独裁者"。将篷马车队安全带到美国西部的队长，就是这种充满关爱之心、在尊重大家意见的同时，能按照具体情况，果断决策，发挥出卓越领导能力的人。

在领导者的资质中人格最为重要。领导者保持自己高层次的人格，是解决当前企业治理危机最根本性的方略。我们要时时事事思考"作为人，何谓正确"，不断自问自答，不懈努力，去"提升自己的人格""提升自己的心性""拓展公司的经营"。

第三章　领导者的十项职责　//　69

领导者必须向员工说明工作的目的意义，设定具体目标，制订相应的计划，怀着强烈的愿望，付出不亚于任何人的努力，表现出坚强的意志，绝不放弃，磨砺自己的人格，关爱员工，调动他们的积极性，共同致力于创新。

第四章　企业统治的要诀　//　81

企业经营的要诀，就是领导者要彻底贯彻实行这些内容：其一，要让员工爱戴你，甚至迷恋你；其二，要给员工讲述工作的意义；其三，要揭示企业的愿景和使命；其四，不断地向员工诉说企业的哲学；其五，努力提升自己和员工的心性。

第五章　经营哲学践行体悟　// 121

稻盛和夫的经营哲学需要企业领导者在经营实践中不断体悟修炼，持续改善，汇集每个员工的力量，造福整个社会，与员工一起怀着感恩的心，把稻盛经营哲学传递下去，拨亮每个人心中的明灯。

总序

○稻盛和夫　京瓷名誉会长

从 1959 年至今长达半个世纪内，我创建并经营了京瓷和 KDDI 两个企业集团。很幸运，这两个集团都取得了长足的发展。现在这两个集团的业绩简单相加，销售额达 4.7 万亿日元，利润逼近 6 000 亿日元（截至 2010 年 3 月）。

另外，2010 年，我接受日本政府的邀请，就任代表国家形象的、破产重建的日本航空公司的董事长。在重建过程中，我着力于经营干部的意识转变，以及企业体质的改善。这样努力的结果，第一年就取得了可喜的成果，业绩大幅超过了重建计划中预定的数字，现在日本航空公司的利润率已达到两位数以上，它正在变成一个高收益的企业。

取得这些成就，原因不过是在企业经营中，我彻底地贯彻了经营的原理原则而已。那么所谓原理原则是什么呢？那就是"贯彻做人的正确准则"。我在必须做出经营判断的时候，总要扪心自问："作为人，何谓正确?"坚持把作为人应该做的正确的事情以正确的方式贯彻到底。

或许有人认为，这样的经营要诀未免太简单、太朴实了。但是，正因为贯彻了这条原理原则，我自己，以及继承我工作的京瓷和 KDDI 的经营干部，才没有发生过经营判断上的失误，才使企业顺利地成长发展到今天。

我的经营哲学还有另外一个侧面。那就是：立足于宇宙的本源以及人心的本源来展开经营活动。

我认为，在这个宇宙间，流淌着促使万物进化发展的"气"或"意志"。同时我认为，人的本性中充满着"爱、真诚与和谐"。所谓"爱"，就是祈愿他人好；所谓"真诚"，就是为社会、为世人尽力；所谓"和谐"，就是不仅让自己也要让别人生活幸福。

我们每一个人都以充满着"爱、真诚与和谐"之心去生活、去工作，那就意味着与引导万物向好的方向发展的宇宙的潮流相一致，这样我们的经营就会顺畅，人生就会美满。这就是我在将近 80 年漫长的人生中坚信不疑的"真理"。

本书就是遵循这样的思想，由近年来我在中国的演讲为主编辑而成。面对中国的经营者、企业干部、政府官员、大学学者，以及一般市民，我都从原理原则讲起，涉及人的本性和宇宙的本源，阐述经营和人生的要诀，获得了人们广泛的赞同。

近来，我的演讲集将作为系列书籍在中国出版发行，作为著者，我衷心希望，从人和宇宙的本源谈起的我的哲学，能够跨越国界、民族和语言的障碍，到达广大中国男女老少的手中，为让他们的人生更美好、经营更出色做出我的一份贡献。同时，如果这对促进一衣带水的中日两国的友好关系也能助上一臂之力的话，那就是我的望外之喜了。

在本书出版之际，请允许我对为出版本书做出不同寻常努力的稻盛和夫（北京）管理顾问有限公司的曹岫云董事长，以及很爽快地为本书提供论文的中国和日本的有关企业家表示深切的谢意。

谨以此文作为"稻盛和夫经典演讲"系列图书的序言。

稻盛和夫

推荐序

关于稻盛哲学的 11 个问题

在 2013 年稻盛和夫经营哲学成都报告会上的讲话
曹岫云　稻盛和夫（北京）管理顾问有限公司董事长

尊敬的稻盛和夫先生、中日企业家朋友们、各位来宾：

早上好！最近常有媒体采访我，也有企业家向我提问。我归纳为如下 11 个问题，并作简要回答。

1. 你初见稻盛时有什么感觉？

12 年前，2001 年 10 月 28 日这一天，在天津，我初次见到稻盛和夫先生，聆听了他题为"经营为什么需要哲学"的演讲。当时我有一种一见如故、相见恨晚的感觉。

我们在学生时代一直受毛泽东思想的教育。我曾背诵过"毛泽东选集"4卷中《实践论》《论持久战》等约1/4的文章，对其他文章也曾反复研读。当时我非常钦佩毛主席，信奉他的辩证唯物主义的认识论，认为那就是至高无上的真理。但"文化大革命"被彻底否定之后，我就很困惑，心里很空虚，甚至怀疑这个世界上是否有真理的存在。

所以，在我接触稻盛先生和稻盛哲学的那一瞬间，我就有一种邂逅人生真理的惊喜。我不知道用什么语言来形容我当时的感受。古人说"朝闻道，夕死可矣"。明白了人生的真理，就是人生最大的幸福。我当时就有一种直觉，我觉得能遇到稻盛这样的人物来做自己的老师，有稻盛哲学来指引自己的工作和人生，将是莫大的幸运。所以一个月以后，我就专程去日本拜访京瓷公司，买了在日本出版的稻盛的全部著作和当时所有一共44期的《盛和塾》杂志，并埋头阅读，如饥似渴。

与许多企业家和学者一样，可以说我的人生从接触稻盛开始，分成了"稻盛之前"和"稻盛之后"两个阶段。

2. 稻盛的哪句话对你触动最大?

"判断一切事物都有相同的基准",这句话对我触动最大。原来,世界上"重量""长度"的基准都不一样。但后来度量衡统一成"克"和"千克",长度基准统一为"公尺"和"公里",这些基准都统一了。

那么,"作为人,何谓正确"这个判断事物的基准能不能为人们所共有呢? 这个可能性存在吗? 答案是存在这种可能性。因为每个人的内心深处都有良知,都有真善美,只要把人的这种本性发扬光大就行。

日航的重建在短时间内取得了卓越的成功,这个事实就是一个巨大的证明。原来价值观很不一致的 32 000 名日航员工共有这个判断基准,或者说,稻盛用他的良知激发了全体员工的良知,全体员工的力量和智慧发挥出来,日航的成功就水到渠成了。

日航迅速起死回生给我们一种信心、一种深刻的启示,就是说,如果这个判断事物的正确的基准,不仅为日航员工共有,而且推而广之,能够为全人类所共有的话,那么千百年来我们的圣贤所描绘、憧憬和追求的利

他文明的理想社会，或者说"世界大同"的格局就一定
会出现。

3. 在你心目中稻盛和夫是怎样一个人？

稻盛出身是科学家，他24 ~ 25岁就有重要的发明
创造。他和他的团队开拓了"又一个新石器时代"，在广
泛的领域内拥有尖端的技术。但令他出名的却不是科学
家身份，而是企业家，他创建了京瓷和KDDI两家《财
富》世界500强企业，还拯救了日航。举世瞩目的经营
成果让稻盛名扬天下。

但我认为稻盛本质上是哲学家，而且与一般的哲
学家不同，他是一位彻底追求正确思考和正确行动的
哲学家。

另外，听说在经营京瓷时，稻盛非常严厉，但或许
因为我不是日本人而是中国人的缘故吧，稻盛对我还比
较客气。近年来，我几乎每个月都有机会同稻盛见面谈
话。我感觉他虽然有严肃的一面，但更多的是亲切、谦
逊，有时还很幽默，常常引得满堂大笑。他不但善于同

你平等交流，而且极度认真专注。他往往一下子就触及事情的核心。他讲话充满哲理，娓娓道来，细致透彻。同他交流是一种特殊的精神享受。

你看他的神情多么专注，你看他的态度多么谦虚，你看他的笑容多么可爱。

还有，在我的心目中，稻盛是人不是神，我们毫无必要去神化他。人无法向神学习。有人说稻盛是圣人，稻盛回答说："我是一个极为普通的男人，如果我是'圣'，那么只要你们同我有一样的思想、像我一样努力的话，你们也能成'圣'。"稻盛有时也会朝令夕改。

另外，稻盛年轻时抽烟，每天两包，后来戒了17年，去日航时因为有精神压力，又抽上了。2012年我力劝他戒烟，他果然戒了，很可惜只戒了三个月，现在又抽了。可见稻盛是同我们一样的凡人。他至今仍然坚持天天反省，这是非常正确、非常必要的。

4. 你认为稻盛哲学是什么？

哲学有很多定义，比如：哲学是探究宇宙、人生终极真理的学问，哲学是自然科学与社会科学之结晶，哲学是说明存在与意识、物质与精神、客观与主观、实践与理论的学问，哲学有唯心论和唯物论等。

但稻盛哲学是用来实践的，所以稻盛对哲学的定义是：哲学就是用来规范和指导人们一切言行的根本思想。

5. 你认为稻盛哲学有什么特点?

我认为稻盛哲学有四个特性：简朴性、实践性、道德性、辩证性。

简朴性：稻盛刚创业时公司 28 名员工中大多数是初中生。稻盛要用他们听得懂的语言给他们讲哲学，让他们理解、接受，并与他们一起实践。说到哲学，让人觉得是门深奥抽象的学问，是少数学者专家的事，但稻盛善于用朴实的语言表达深刻的思想。稻盛哲学没有任何难懂的哲学术语，它深入浅出，却又有感动和召唤人心的力量。

实践性：稻盛与以往的哲学家不同，因为是科学家出身，年轻时就有重要的发明创造，而且 27 岁就创办企业。因为这种哲学来自亲身的实践，包括开发新材料、新产品的科学实践和经营企业的实践，当然也包括生活实践。从实践中来的哲学，又要反过来指导经营实践，使事业获得巨大发展，而经营实践又使哲学不断丰富。这种从实践到理论，又从理论到实践的、紧密的、反复的循环，使实践和理论，经营和哲学达到高度平衡、完美的统一。

　　道德性：就一般概念来说，哲学是哲学，道德是道德，两者虽有联系，却分属不同的范畴。但稻盛哲学则把道德放进了哲学，以"作为人，何谓正确"，也就是以"利他之心"思考、判断和行动成了稻盛哲学的核心。这在其他哲学中是极为罕见的。

　　辩证性：稻盛哲学强调兼备事物的两极，比如利己和利他、大善和小善、大胆与小心、慈悲心和斗争心、大家族主义和市场竞争主义等，再比如，经营者对员工既要关心爱护，又要严格要求，两者要高度平衡。这是经营者每天的工作中都面临的课题。

6. 稻盛哲学对你个人最大的影响是什么？

　　第一，判断和决定事情变得轻松。事情复杂化，无非因为自己夹杂私心，有许多算计。从私心的束缚中解放出来，肯做自我牺牲，问题就单纯化了，事情该怎么办就怎么办，部下就会信任你甚至尊敬你，你也可以向他们提出更高的要求。

第二，多了信念，少了担忧。因为事情从决策到产生结果之间有一个过程，在这个过程中，自己往往会担心甚至焦虑。但学了稻盛哲学以后，我强化了一种信念，就是：只要做事的动机是善的，实行的过程也是善的，就无须担心它的结果。好的结果的出现只是时间问题，而且好的程度甚至超出自己原来的预想。

在中国传播稻盛哲学有许多障碍，但因为有了信念，我就很少有担忧和不安，即使在中日关系最紧张时，我们盛和塾的学习活动仍然堂堂正正，照样进行。

7. 你如何评价稻盛的经营理念？

经营理念又叫企业目的，稻盛29岁时，在处理11名高中生集体辞职的痛苦经验中，领悟并制定了京瓷公司的经营理念，就是在追求全体员工物质和精神两方面幸福的同时，为人类社会的进步发展做出贡献。

这两句话看起来很朴实、语不惊人，但它却是几乎所有的经营者从来没有领悟的经营的最重要的原理原则，它被放在稻盛"经营十二条"要诀的第一条，就是说，它是正确经营企业的前提。

这个理念的特点是把追求员工幸福放在首位。企业经营究竟是员工第一，还是客户第一、股东第一，乃至国家第一？人们至今争论不休。

有股东投资才有企业，客户买你的产品企业才能生存，没有国家的保护和支持企业也难以发展，这些都是理所当然的。然而，股东、客户、国家并不能代替你来经营企业。实际负责企业运行、每天进行企业生产经营活动的是包括经营者在内的全体员工。如果全体员工都很尽责，每天都在各自的岗位上努力工作，发挥自己的聪明才智、齐心协力、精益求精，那么企业就能凝聚巨大的合力，企业就能持续发展、长期繁荣。这样就能不断地给客户提供满意的产品和服务，就能让股东获得稳定的回报，就能向国家多交税，企业还有能力开展各种社会公益活动。这个道理并不复杂。

追求组织的全体成员物质和精神两方面幸福，同时又为人类社会做贡献，我认为这个理念虽然朴实，却非常伟大。可以说，这是自人类有集团以来，一切集团理念中最高贵的理念。没有任何集团的理念可以超越它。

更可贵的是，几十年来，稻盛在某种程度上已经实现了京瓷、KDDI 全体员工，约 10 万人物质和精神两方面的幸福。他把千百年来圣贤苦苦追求，却从来没有实现的理想变成了现实。这就是利他文明的新世界的雏形。极而言之，只要将稻盛的理念和模式实践复制，一个人人幸福美满的崭新的世界就会出现。我们盛和塾的企业家，首先都要在自己的企业内为创造这样的新世界而奋斗。

如果把这个理念中的"全体员工"改为"全体国民"，"在追求全体国民物质和精神两方面幸福的同时，为人类社会的进步发展做出贡献"，这可以而且应该成为我们国家的理念。我们的国家除了这个目的之外，难道还有什么别的目的吗？

而且这个理念世界通用，如果全世界的政府和国民都能明确这一条、实践这一条，世界上的一切问题、一切纷争都可以迎刃而解。从这个意义上讲，稻盛哲学是救世的哲学，是拯救人类的哲学。

8. 稻盛哲学和儒释道有何异同?

稻盛讲的"利他"同儒家的"仁"、道教的"道"、基督教的"爱"、佛教的"慈悲"本质上是一回事。

虽然稻盛受儒释道的影响很深,但从根本上讲,稻盛哲学是稻盛先生从自己的生活和工作的实践中,包括科学实验和企业经营的实践中,在痛苦烦恼中,在不断地自问自答中,自己悟出来的。

稻盛在 30 岁前后已经相当完整地、非常清晰地构建了他的经营哲学和人生哲学。当然在这个过程中,以及在后来的岁月中,他又把儒释道,把东西方的许多优秀文化融入他的哲学之中。

我觉得用"不谋而合、殊途同归"这八个字来形容稻盛哲学与儒释道的关系比较合适。比如,稻盛把"作为人,何谓正确"当作判断一切事物的基准,这同王阳明的"致良知"异曲同工。所谓"致良知"就是把良知发挥到极致,就是事事对照"良知"。换句话说,也就是事事都要对照"作为人,何谓正确"来判断和行动。

包括儒释道在内,中国几千年历史中产生的思想文化瑰宝，对于企业家修心养性、提升个人品格具有积极的意义。

但在以家庭为单位的自给自足的自然经济和封建皇帝的专制统治之下，当时的社会组织形态非常初级、非常原始，没有也不可能产生现代企业这样的组织形式，更没有现代企业经营管理的哲学和模式。

传统文化中有许多东西已不适应现代社会。同时，"文言文""之乎者也"，对缺乏古文素养的人来说很是头痛。因此直接靠所谓"国学"、直接靠儒释道，去教育企业员工、改变员工的行为，事实上有很大的困难。

稻盛既是科学家、企业家，又是哲学家、宗教家，还是教育家。稻盛哲学吸收了儒释道的精华，融会贯通，将它成功地应用于企业经营，从这个意义上讲，稻盛哲学是现代商业社会的儒释道。

同时，稻盛哲学还吸收了西方的科学、科学管理以及优秀的人文精神。从这个意义上讲，稻盛哲学是集古今中外优秀文化之大成，并成功应用于现代企业经营的卓越典范。

白象集团的姚忠良董事长，他不但参加过包括儒释道在内的各色培训班，还专程去美国哈佛、西点军校，英国剑桥、牛津等地研修经营管理，但在接触稻盛哲学，特别是去日本游学后，他说了三句话：

第一，稻盛哲学是白象乃至中国企业唯一正确的方向。

第二，在稻盛哲学中我不但找到了企业的方向，而且找到了人生的意义。

第三，今后，我这一辈子只做一件事，就是学习、实践和传播稻盛哲学。

我觉得姚总的话代表了中国盛和塾企业家的心声。

9. 稻盛哲学适用于中国企业吗？

稻盛的信条是敬天爱人，稻盛哲学讲"以心为本"，讲"作为人，何谓正确"。我们都是人，都有心，因此稻盛哲学不仅超越行业，而且超越国境，超越民族和文化差异。

事实上，盛和塾8 000多名企业家中，不但在日本有近百家企业已成功上市，而且在美国有兰花大王，在巴西有香蕉大王，在中国有一大批企业都在认真学习和实践稻盛哲学，有的已经取得了明显的成效。在中国企业家塾生中，像做二手房生意的伊诚地产、做建筑软件的广联达等企业，它们的目标不仅是中国第一，而且要做行业内世界第一，而稻盛哲学就是它们实现这种高目标的思想武器。

稻盛哲学最接近天理良知，最围绕实际，最具有普遍性。稻盛先生离我们心灵的距离最近，我们每个人都能从他的思想中吸取力量，成为我们不断前进的动力。稻盛和夫是这个时代的榜样，不仅中国，整个世界都需要稻盛和夫这样的人，需要稻盛和夫这样的思想、哲学。

当然，信奉利己主义价值观又不肯反省的人，确实难以理解和接受稻盛的利他哲学，更不愿意去实践，但这是他们自己的问题，而不是稻盛哲学的问题。

10. 你所说的"盛和塾现象"有什么含义？

盛和塾是稻盛塾长向企业家塾生义务传授企业经营

哲学和实学的道场，从 1983 年起已有 30 年的历史，塾生人数超过 8 000 名，还在快速增加。

向成千上万、各行各业、大大小小的企业家传授企业经营的真谛，这是在古今东西、整个人类历史上独一无二的现象。

2 500 年来，东西方有许多卓越的思想家、哲学家，但他们却没有经营企业的经验。从 200 多年前英国工业革命产生现代企业以来，包括当今世界，有许多杰出的大企业家，但他们都没有成为思想家、哲学家。

另外，西方的管理学，包括各种商学院，传授经营管理的知识，偏向于方法技法、方式模式，总是在"术"的层面上打转。

理想的企业应该是怎样的？究竟如何正确地经营企业？怎样才能让企业持续地成长发展？对这样的问题，不但儒释道中没有现成的答案，现代商学院也无力解答这些问题。

而既是大企业家又是大思想家的稻盛，已经把自己丰富的经营经验提升到了哲学的高度，成为正确经营企业的、普遍适用的原理原则。而这种哲学的正确有效，不仅在京瓷、KDDI、日航得到证实，而且已经被盛和塾几千家企业的实践证明。

简单地讲，只要你认认真真地实践稻盛的"六项精进"、"经营十二条"，在一两年之内，你的企业就能成长为高收益的企业，就如日航一样。

另外，稻盛又是一个无私忘我的人，一个谦虚朴实的人，一个平易近人的人。同他的思想一样，他的人格也充满魅力。

稻盛是众多企业家的经营之师，稻盛哲学倡导利他主义，盛和塾现象举世无双，应该引起全世界更大的关注。

11. 企业导入"阿米巴经营"究竟难不难?

有人说实践稻盛哲学很难，导入"阿米巴经营"难上加难。

首先，难不难? 这是一个"禅问答"。天下事有难易乎? 为之，则难者亦易矣; 不为，则易者亦难矣。

"阿米巴经营"是分部门核算的一种经营方法，根据企业规模和行业的不同，"阿米巴"的复杂程度也不同。根据导入成功的企业的经验，在开始阶段，因为要增加许多事务性工作，做起来有点烦琐，但养成习惯后，因为能达到生产与市场挂钩，培养经营领导人和全员参与经营的目的，好处很多。

在"阿米巴经营"中，各"阿米巴"不但要独立核算，考虑自己的效益，还要考虑相关的其他"阿米巴"和企业整体的利益，同时，效益好的"阿米巴"并不会马上加工资、加奖金，而是受到上级和其他"阿米巴"的感谢和夸奖，获得精神上的满足和自豪。另外，数据要真实可靠，不能弄虚作假。所以在导入和实行"阿米巴经营"时，自利利他的哲学必不可缺。日航也是在稻盛进入 14 个月以后才正式实施"阿米巴经营"的。

有的企业在导入"阿米巴经营"后遇到障碍或出现反复，这时经营者的态度十分重要。稻盛说："'阿米巴经营'的成败决定于经营者的意志。"这是经验之谈。

最后，我写了一副对联赠送给稻盛先生：

唐代鉴真东渡日本传汉文

今朝稻盛西飞中国授哲学

中日友好 源远流长

唐代鉴真东渡日本傳漢文

今朝稻盛西飛中国授哲學

谢谢稻盛先生!

谢谢大家!

第一章

领导者的资质

2012 年在稻盛和夫经营哲学重庆报告会上的讲话

⊙稻盛和夫　京瓷名誉会长

　　真正的领导者应该是"以爱为根基的反映民意的独裁者"。将篷马车队安全带到美国西部的队长，就是这种充满关爱之心、在尊重大家意见的同时，能按照具体情况，果断决策，发挥出卓越领导能力的人。

我是刚才承蒙介绍的稻盛。

由稻盛和夫（北京）管理顾问有限公司和重庆市海外交流协会举办的"稻盛和夫经营哲学重庆报告会"，有如此众多的中国企业家参加，还有许多日本盛和塾的塾生赶来参加，对此我表示衷心的感谢。

从 2010 年起，我就开始努力，希望在这个经营哲学报告会上，将自己在长达半个世纪的经营实践中体悟到的经营的思想和方法系统地告诉中国的企业家。

从北京报告会上"经营为什么需要哲学"的演讲开始，在青岛讲了"经营十二条"，在广州讲了"阿米巴经营"，在大连讲了"京瓷会计学"。

通过这几次演讲，对于在企业经营中哲学的重要性、经营的原理原则，以及有关经营管理的思维方式和组织架构，我想大家已经有所理解。

但是，不管揭示了多么高尚的经营哲学，不管构建了多么精致的管理系统，这样的哲学和系统能不能正确运用，可以说完全取决于企业的领导者。

因此，我今天的演讲题目就定为"领导者的资质"。我想讲一讲站在企业活动最前线、努力奋斗的领导者应该具有的理想状态。

当我思考理想的领导者应有的状态时，在我头脑里立即浮现出来的形象，就是美国西部开拓时期出场的篷马车队的车队长。例如，由约翰·韦恩出演的西部影片中出现的车队长，我认为在他们身上充分体现出了领导者应有的风采。

大家知道，篷马车队从北美大陆东部出发，以人迹未至的西部大地为目的地，组织队伍，经历几个月甚至一年以上的大迁徙。在路途中有无数的困难和灾害向车队袭来。据说，有不少车队在中途便遭遇了挫折和失败。

掌握篷马车队命运的就是作为领导者的车队长。只有发挥了卓越领导力的队长率领的车队，才能到达西部的目的地。

现在的微软和苹果等公司都位于美国西海岸，席卷全球 IT 产业的繁荣，乃是当年篷马车队功绩的延续。从这个意义上讲，正是篷马车队奠定了美国发展的基石，我认为这么说并不过分。

这些篷马车队队长显示的领导者风貌，同我一直以来作为"哲学"，通过著作和演讲，向大家诉说的内容完全一致。我认为这就是领导者必须具备的资质。

因此，今天我想一边回顾篷马车队队长的事迹，一边来讲述领导者应有的资质和要件。

那么篷马车队队长发挥出的领导者的优秀资质是什么呢？我认为可以归纳为以下 5 点：

第一，具备使命感。

第二，明确地描述并实现目标。

第三，必须不断地挑战新事物。

第四，必须获取集团所有人的信任和尊敬。

第五，抱有关爱之心。

第一项资质：具备使命感

具备使命感也就是具备所谓的"mission"。我认为，正是因为篷马车队队长具备了百折不挠、强烈的使命感，才能克服路途中的千难万苦，向着西部挺进。

我想缅怀美国建国之初的光景。

当初，登上北美大陆东海岸的移民，其中多数都来自英国等欧洲国家中的贫困阶层。为了追求富裕的生活，他们希望开辟新天地，他们甘冒风险，赤手空拳从大西洋不断向西进发。

虽然其中也有宗教信仰的问题，但根本上是他们追求富裕生活的强烈愿望，正是这些人成了美国建国的先驱。19世纪中叶兴起的西部开发，是这些先驱者开拓精神的延续。

就是说，移民们以及继承了他们血统的后裔们，他们企求通过获得财富来实现幸福，因而他们要开辟新天地，创建自己的"乐园"。他们怀着强烈的愿望，描

绘希望和梦想，乘上带篷马车，组成队伍，向着新的
疆土开拓前进。而站在阵头指挥的，就是篷马车队的
队长。

也就是说，美国的西部开发，在其根源上，是人们
追求富裕的愿望。而篷马车队队长便处于这种强烈愿
望的顶点。

在现代的商业世界里也是一样。以企业经营者为代
表的各种集团的领导者，也像篷马车队队长一样，心
怀强烈的愿望。然而重要的是，如果篷马车队队长的
强烈欲望中充满私利私欲，结果将会怎样呢？

我想，恐怕他们将得不到周围人的协助，团队会四
分五裂，结果不可能达到梦寐以求的新天地。

要率领团队前进，开始只是强烈的愿望也无妨。但
我认为，同时大义名分也会成为必不可少的要素。如果没有"我们是为着如此崇高的目的而工作"这样的大义名分，也就是没有使命的话，要把众

> 要率领团队前进，开始只是强烈的愿望也无妨。但我认为，同时大义名分也会成为必不可少的要素。

多人的力量凝聚起来，将他们具备的力量最大限度地发挥出来，是根本不可能的。

例如，在京瓷就有全体员工共有的经营理念："在追求全体员工物质和精神两方面幸福的同时，为人类社会的进步发展做出贡献。"下面我想讲一讲制定这一经营理念的过程。

京瓷最初是以"稻盛和夫的技术问世"为目的而创立的公司。也就是说，当时创办企业的动机是我作为技术工作者的强烈愿望。

但在创业的第三年，前一年录用的新员工们向我提出集体交涉，要我承诺他们提出的待遇方面的要求，"连续多年，每年工资升多少、奖金发多少"。

经过三天三夜的交涉，他们最终撤回了那些要求，留在了公司里。但是，由于员工的这次交涉，要将我的技术问世这一京瓷公司最初的创办目的，在一瞬间便烟消云散了。

就是说，企业的存在目的并不是为了实现经营者个人的愿望或欲望，而是为了保证员工们现在和将来的生活。我从内心深处理解了这一点。

实现技术工作者的理想，这一公司目的被击碎了，公司的目的变成了保障员工的生活。这样的转变让我感觉到一丝失落和寂寞，但这却是我一整夜苦苦思索的结果。这样我就把"追求全体员工物质和精神两方面幸福"作为京瓷的经营理念。同时，仅仅这一条，还不能体现企业作为社会公器的功能，因此我又加上了"为人类社会的进步发展做出贡献"这一条。

这样的企业目的，员工们都能从内心产生共鸣，他们就会团结一致，为公司的发展竭尽全力，甚至粉身碎骨也在所不辞。同时，也正因为有了这种光明正大的目的和使命，作为领导者的我，也可以问心无愧，不受任何牵制，一方面鞭策自己，一方面激励部下，不断将事业向前推进。

像这样，揭示出每个人都能从内心认可的、无论谁都可以共同拥有的目的，团队的全体人员就能够团结一致，为共同实现这一卓越的理念而努力奋斗。

篷马车队队长也是这样，他们的愿望不仅仅是自己个人获得财富，而是要将自己团队的每一个人都平安地送达西部的新天地。他们一定是抱着无论如何都要实现大家共同幸福这一强烈的使命感，而率队奋进的。

今天，聚集在这里的企业的领导者们，大家创办企业之初，哪怕只有强烈的愿望也无妨，但是为了企业进一步的发展，我希望你们也提出你们团队能够共同拥有的、符合大义名分的、崇高的企业目的，并将它作为企业的使命。让自己具备使命感，并让这种使命感为整个团队所共有，这就是领导者首先必须具备的最基本的要件或者说资质。

> 让自己具备使命感，并让这种使命感为整个团队所共有，这就是领导者首先必须具备的最基本的要件或者说资质。

第二项资质：明确地描述并实现目标

篷马车队队长身上所体现的领导者的第二项重要的

资质是：明确地描述并实现目标。

篷马车队从东部出发时，要在美国广阔的西部大地上各自确定到达的目标。要求队长把全队成员安全地带领到这个目的地。但是，那是连地图也没有的、人迹未至的土地。而且篷马车队前行的道路上充满着艰难险阻：险峻的山岳和连绵的沙漠阻挡着去路，也会遭遇狼群和美洲狮等猛兽的袭击，同时还要同原住民印第安人作战。

面对重重困难而绝不迷失和放弃目标，叱咤激励车队成员，率领团队达至目的地，这就是篷马车队队长的任务。

就像这样，"明确目标，无论碰到什么困难都要实现目标"，这是企业领导者也必须具备的资质。在这里，首先遇到的问题是究竟该设定怎样的目标。

提出的目标过高，大家都觉得不可能完成，就不会真挚地付出努力。相反，提出的目标过低，很容易就能达成，大家又会觉得自己的能力被低估了，因而会漠视这样的目标。很难指望这样的团队获得更好的成长发展。

在设定目标时，首先，领导者要找出一个在全体成员都能接受范围内的最高的具体数字，把它作为目标。然后把这个目标分解，让团队全体成员都把它当成自己的目标，大家共同拥有这个目标。

为此，这个目标不是一个总的抽象的数字，而必须分解到每一个组织。每个最小单位的组织都要有明确的目标数字，目标必须非常具体，目标必须成为每一位员工的工作指针。

另外，不仅要设定整年的年度目标，而且要设定月度目标。这样，自然就能看清每一天的目标。如果每个人都能认清每个月以及每一天的目标，并切实完成这些目标，那么整个团队的年度目标也就能够达成。

这样做，每一位成员都能清楚地知道"自己的目标是什么，对照这一目标，现在自己进展到什么程度"。如果进度落后，自己就可以迅速采取措施迎头赶上。

稲盛和夫

　　还有，领导者不仅要揭示目标，而且要让大家相信目标一定能实现，不，目标非实现不可。再进一步，该怎么做才能实现目标，领导者必须就具体方法做出指导。

　　就是说，目标一旦确定，这个目标数字意味着什么，实现这一目标意义在哪里，以及如何才能实现该目标的方法论，都必须彻底地向部下交代清楚。

自己对事业的思考，
自己有关达成目标的想
法，都要满腔热情地向
部下诉说，倾注心血，
谆谆相告，直到职场的
每一位成员都激情燃烧。

　　换句话说，自己对事业的思考，自己有关达成目标的想法，都要满腔热情地向部下诉说，倾注心血，谆谆相告，直到职场的每一位成员都激情燃烧。

　　这一作业过程，我称之为"能量转移"。

　　事实上，我从年轻时开始，每当设定目标、追求目标实现时，都会就该事业的前景、目标如何具体展开，乃至实现目标的社会意义，向部下彻底讲明白。话要讲到听者全部接受，我常常感觉筋疲力尽。这好比通过话语我的能量转移到了对方身上，我自己倒像空壳似的虚脱了。

在座诸位中，有人或许这么想："无论我怎么讲，部下没有一个人理解，都是些不可理喻的家伙。"对于这么想的人，我要求他们再一次自问自答："为了让对方理解、接受你的主张，你自己的思考到位了吗？你的话说到对方心里了吗？还有，你究竟倾注了多大的热情向对方传递自己的思想？"

不管领导者揭示了怎样的高目标，这个目标越高、越困难，就越不可能由一个人来完成。领导者满怀热情地向部下诉说事业的意义和实现目标的方法，将部下的士气提升到与自己相同的水平，只有这样，才能集聚全员的力量。只要做到这一点，那么，无论多么困难的目标都可能达成，成功就可能唾手而得。

部下接受工作指令，回答一声"好，知道了"，如果部下的热情是这种程度，那么事情成功的可能性约为30%；如果部下用强有力的口吻说"我们一定尽力干"，那么成功的可能性约为 50%；如果领导者将自己的能量注入给部下，让他们感觉到"这是我们自己的事业"，那么这项工作就有 90% 的概率获得成功。我就是这么考虑的。

赤手空拳创建的京瓷，在所有的经营资源都缺乏的情况下，接二连三地开发出新产品，谋划多元化，将公司发展到今天这个规模，就是京瓷的许多领导者接受了我转移过去的能量，燃起自身的热情，再将这种热情传递到整个公司，一次接一次不断地实现高目标所带来的结果。

还有一点，为了实现已经设定的高目标，领导者必须具备坚强的意志。

在企业经营中，预料之外的课题和障碍会接踵而来。这时候，如果缺乏坚强的意志，就会以些许的环境变化为借口，很随意地放弃应该达成的目标。

我曾经将下面这句话作为京瓷的经营口号，"以渗透到潜意识的、强烈而持久的愿望和热情，去实现自已设定的目标"。我认为,这个口号表明,团队的领导者不管遭遇何种障碍,都要以坚定的意志朝着达成目标的方向奋勇前进,绝不妥协,绝不停顿。

然而,在经营者当中,有这样的人:当目标看来难以实现时,他们立即寻找理由和借口,将目标数字向下调整,甚至将目标全盘取消。

已经制订的经营计划,本来就意味着对员工、股东以及社会做出了承诺。既然是已经承诺的事,却有人毫不犹豫地以预期之外的经济环境和市场变动为理由,轻易地撤销计划,或将计划中的目标数字向下调整。我认为,应该立即撤换这种没有意志、盲目跟着环境转悠的经营者、领导者。

将经营去"凑合"无法预料的经济变动等外界状况的变化,那么,一时向下调整的目标,与接着到来的新的经济变动又不切合,这就不得不再次将目标向下调整。如果持续这么做,不仅目标变得有名无实,而且领导者自己也将丧失集团对他的信任。

　　同刚才所讲的一样，在座诸位中也许有人认为：
"不管作为领导者的自己意志有多么坚强，但部下却总
是跟不上，所以也只好把目标向下调整。"

　　那么，我又想问一句：作为领导者，在部下面前，
你坚强的意志真的由态度和行动表达出来了吗？还是
仅仅停留在口头上？换句话说，我要问的是：作为领导
者，你自己是不是"付出了不亚于任何人的努力"，以
至于让部下觉得"我们的领导那么拼命地干，我也得助
他一臂之力啊"。

　　京瓷创业后不久，我常常对员工们讲这样的话：
"在工作上，我对大家的要求非常严格，但与此同时，
无论是在时间的长度还是密度上，我工作的努力程度
不亚于你们中的任何一位。"

　　在职场里最辛苦的就是这个职场的领导者。如果每
位部下都亲眼目睹他努力工作的状态，那么部下们一
定会追随这位领导者。朝着目标达成的方向，怀着坚
强的意志，领导者发挥出献身的工作精神，勇于"自我

牺牲"，那么不管处于何种严峻的环境之下，整个团队都能团结一致，朝着目标大步迈进。

"明确地描述目标并实现目标"，这是团队领导者最为重要的工作之一。

第三项资质：必须不断地挑战新事物

一部美国西部开拓史就是朝着未开发的土地、不断挑战困难的历史，它教给我们挑战多么重要。我希望大家也能不断地向新课题挑战，开辟未知的领域，成为充满"开拓者精神"的领导者。

在经济环境激剧变动、技术革新飞速发展的今天，如果领导者缺乏独创性，缺乏挑战精神，不能把创造和挑战的精神贯彻到集团中去，那么集团的进步发展是难以指望的。甘于现状就意味着已经开始退步。

领导者害怕变革，失去挑战精神，集团就开始步入衰退之路。就是说，领导者不满足于现状，不断进行变革和创造，能不能做到这一点，将会决定集团的命运。这么讲并不过分。

从这个意义上讲，供我们参考的范例，或许稍微偏早了一点，我想就是通用电气（GE）的前总裁杰克·韦尔奇先生。

大家都知道，GE现在的年销售额为1 473亿美元，纯利润为142亿美元，员工超过28万人，是值得夸耀的全世界屈指可数的巨大企业。应该说韦尔奇先生正是给GE带来当今繁荣的"中兴之祖"。

1981年，他在44岁时出任GE总裁，他最初的举措就是向当时在GE蔓延的保守风气开战。GE属于爱迪生流派，是创建百年以上富于创新传统的公司，但是随着历史的变迁，挑战新事物的精神已经丧失，公司内充满着恐惧变革的气氛。韦尔奇对此抱有强烈的危机感，他积极开拓新事业，并开展了制度方面的改革。

2001年，韦尔奇来日本的时候，在东京，以他为中心举办了一个午餐会，参会者为数不多，我也有幸应邀参加了。在午餐会上，韦尔奇说："我从来没有一次思考过如何维持企业的生存，我的志向在于不断地变革，今日的 GE 与昨日的 GE 迥然不同。"他说的是，只有在不断的变革中，才能保证企业永续繁荣。

正如韦尔奇所说，只有变革，只有不断地、反复地进行创造性的活动，企业才能持续成长发展。相反，只想维持现状，只是墨守成规，就会陷入官僚主义和形式主义的泥潭，企业就会衰落。而处于变革中心位置的就是企业的领导者。

这样的情况，不只限于具有历史传统的大企业，在今天在座的各位朋友的企业里，你们经营者自己，以及各个部门的领导者，是否被过去老旧的做法束缚，是否失去了向新事物挑战的气概，我希望你们再次予以确认。

例如，有没有在各种形式主义的烦琐手续上花费过多的时间和精力，而影响了快速决策？有没有忽视年轻人的力量，而使职场失去了活力？有没有只知明哲保身、只看上司脸色行事的倾向？有没有只考虑自己的部门、让本位主义蔓延的情况？

上述的倾向哪怕只有一丁点，也必须立即纠正。领导者必须打破流于安逸的心态，创造一种组织风气，无论多么困难，也要不断挑战新的创造性的事物。

我希望大家务必像韦尔奇一样，不害怕变革，描绘出理想，为实现理想亲自站在第一线积极挑战。希望大家成为这样的领导者。

另外，为了向新事业挑战并取得成功，需要一种思维方式，就是"相信人的无限的可能性"。自己持有的能力，不是在现在这个时点上把握，从现在开始，经历磨炼，这种能力会无限进步。要相信这一点。

仅仅根据自己现在的能力，判断"能"还是"不能"，就做不成任何新的事情。从现在时点上看，哪怕被认为根本不可能实现的高目标，在未来的某一时点上实现它，先做出这样的决定，为了实现它，天天努力，不断提高自己现有的能力。就是说，"能力要用将来进行时"，这一点非常重要。

得过普利策奖的美国新闻工作者大卫·哈伯斯塔姆（David Halberstam）在他的著作《下一世纪》（*The Next Century*）中，有一章专门介绍我的事情。其中，他引用了我下面这句话：

我们接着要做的事，又是人们认为我们肯定做不成的事。

而这句话正体现了京瓷创业以来最宝贵的精神。

创业不久后的京瓷生产的产品——U字形绝缘体，是用于电视机显像管里的绝缘零件。当时只有这一个产品。持续这样的单品生产，经营势必出现危机，因此需要开发新产品，谋求事业的多元化。但当时的京瓷却没有这方面的技术积累。因此只好在市场中闯荡，东奔西走，一边听取客户的需求，一边拼命获取订单。

然而，刚刚诞生的小公司，没有客户愿意给我们订单。最后能够成交的，都是别的公司拒绝的、不能做的产品，或者是技术难度过高，或者是价格上做不下来。

就是这样的东西，说一声"我们能做"就接下了订单，但是没有设备、没有技术、没有人才。从"一无所有"的状态出发，全员共同努力，费尽心血，做出产品，如期交货。

就是这样一天接一天持续地挑战，京瓷成了这一领域的先驱者，不仅确立了精密陶瓷作为工业材料的重要地位，而且让它发展成为具有几万亿日元规模的产业领域。同时，还以培育的精密陶瓷技术为核心，开展多元化，现在从材料到零部件、机器以及服务，展开了一个广阔的、宏大的事业。但在事业的根底下，起了关键作用的思维方式，就是"能力要用将来进行时"。

还有一点，向着谁都认为不可能成功的新事物发起挑战，如果有勇无谋就会无果而终。为了避免这种情况，挑战的进程非常重要。作为领导者，我按照"乐观构想、悲观计划、乐观实行"的程序，在创造性的领域内推进工作。

从创业时起，我顺应客户的需求，在新产品开发和新市场开拓方面不断思考新的课题。当我的想法在某种程度上被归纳以后，我就会召集公司的干部，征求他们的意见。

这时候，有的人眼睛闪闪发光，点头称是。但是，也有人不管我讲得如何热情洋溢，他们照样神情冷漠。后者往往是些名牌大学毕业的很聪明的人。我倾注热情，谆谆相告，期望大家都能点头赞成。但是有的时候，那些态度冷淡的人会突然发言，说我的构想如何缺乏根据、如何脱离实际等。

我只是就隐藏着很大可能性的新商业项目，谈了大体上的构想，并没有仔细地验证推敲。因为他们的否定性意见，让我的热情和现场的气氛迅速冷却。这样一来，有可能开花结果的新商业的种子，未经发芽就告终了。这样的情形曾发生过几次。

聪明的人，正因为他们知识丰富但又一知半解，在遇到新课题时，总是在现有的常识范围内判断，得出否定性的结论。有过几次这样的经验之后，我在谈论新的构想时就不找那些头脑聪明的人商量，而是把那些愿意拥护我、能燃起热情、爽快率真的人聚集起来讨论商谈。

这种类型的人，对我谈的课题并无深入的理解，却举双手赞成我的设想方案："那很有意思，我们干吧!"这样一来，我的心情格外舒畅，构想越发拓展，梦想变得更为清晰。

我认为，挑战新事物，并要获得成功，首先需要乐观地思考，这一点很重要。在成就新事业的过程中，可以预料会遭遇各种各样的困难，正因为如此，在构想的阶段，必须抱着梦想和希望，相信事情"能成"，否则就不会产生挑战的勇气。所以，首先要采取超乐观的态度，这一点很重要。

但是，事情就这么一直乐观下去，必然招致失败。在推敲具体计划的阶段，必须彻底地思考分析所有的条件，采取所谓"悲观"的态度。为此，就要召集那些头脑聪明、思考冷静周密的人。

我谈了大体的构想以后，他会说"没有技术，没有设备"，接二连三地举出各种不利条件。作为项目领导者，我会让他们列举所有的负面要素，逐条思考解决的方法。这样来重新拟定详细周密的计划，并因此提高了实现计划的可能性。

这样，把问题点都摆出来，反复进行模拟推敲，把计划做到完美无缺，然后，进入实行阶段，这时再交换乐观派的选手，以他们为主将计划向前推进。

在推进新事业的时候，往往会发生预料之外的障碍。这时，悲观失望的人无法把工作向前推进。不管发生何种问题，坚信一定能够解决，倾注热情，一路向前，坚决推进计划，这种乐观型的人才，在实行阶段，非常重要。

不断向新事物发起挑战，才能保证企业的发展。为此，就像刚才所讲，在构想阶段，能力要用将来进行时，总之要乐观；在制订计划时要彻底冷静，就是采取悲观态度；而在实行阶段，又要乐观，相信事情一定成功。必须有这样一个程序，而统率这一过程的就是企业的领导者。

在竞争激化、各个企业的独创性受到审视的今天，领导者要不断挑战新事物，并获得成功。这一条作为领导者的必要条件，今后将越来越重要。

第四项资质：必须获取集团所有人的信任和尊敬

篷马车队由若干小组和家庭组成一支队伍，需要经过长达几个月的旅行。在追求财富的强烈愿望驱使之下，他们向西部挺进。这个队伍中，有脾气暴躁的人加入，也有柔弱的女性和年幼的孩童，而篷马车队队长需要具备向心力，才能把各色人等整合在一起，带领他们到达目的地。

在旅途中，篷马车队队长要保证大家的粮食和饮水，要合理分配。在时而发生的争执中，要做好仲裁，还要照顾病人和受伤者。总之，车队在旅途中发生的所有事情，都要以大家能够接受的方式解决。

为此，篷马车队队长需要不断地做出公平公正的判断，需要获得众人的信任和尊敬，需要具备优秀的资质。同时，我认为，只有这样的队长才能统率篷马车队安全到达目的地。

有关领导者的这种资质，中国明代思想家吕新吾在其著作《呻吟语》中写道："深沉厚重是第一等资质。"

就是说，作为领导者，最重要的资质是，具备时时深入思考事物本质的厚重的性格。我认为，篷马车队队长就是具备这种资质的领导者。

吕新吾还说"聪明才辩是第三等资质"。这是说"头脑聪明，能言善辩"不过是第三等资质。

然而在现代，无论东方还是西方，只具备吕新吾所说的第三等资质，即聪明才辩的人被选为领导者的现象非常普遍。不错，这样的人才，用好他们的能力，

⊖ 吕坤，字叔简，号新吾，明朝万历二年进士，其在《呻吟语》中提及人的三等资质，即"深沉厚重是第一等资质，磊落豪雄是第二等资质，聪明才辩是第三等资质"。

也能够对组织做出贡献。但是，他们却未必能赢得部下和客户的信任和尊敬，未必能成为真正的领导者。

有时候，一个组织发生内斗，融洽的关系就会瓦解。集团内部这种不协调的背景，我认为，就是因为起用的领导者只具备第三等的资质。一个组织要健康地成长发展，集团内部的协调融洽必不可少。为此，吕新吾所说的具备第一等资质、能得到众人信任和尊敬的领导者不可或缺。

那么，优秀的领导者需要具备的资质，具体来讲有哪些呢？我想谈一谈这些资质。

首先，像前面所提到的，领导者必须公正。

领导者所处的地位，是要对左右集团命运的重大问题做出判断。这种情况下，对领导者来说，最重要的就是公正。而妨碍公正的因素，就是个人利益优先的利己心或叫私心。只要夹杂哪怕少许的私心，判断就会暧昧，决断就会走向错误的方向。

领导者所处的地位，是要对左右集团命运的重大问题做出判断。这种情况下，对领导者来说，最重要的就是公正。

明治维新揭开了日本近代化的大幕，这场革命的功臣西乡隆盛，针对"私心"带来的弊害，曾有这样的论述："爱己者，不善之最也。修业无果，事业不成，过而不改，功而生骄，皆因爱己起，故绝不可爱己偏私也。"

就是说，"只爱自己，只要对自己有利就好，对别人如何不予考虑，这种利己的思想，是做人的大忌。治学不精，事业无成，有过不改，居功骄傲，所有这些都由爱己过度而生，所以利己的事绝不可为"。

我也认为，领导者要对各种事情做出判断，而这种判断又将决定集团的命运。因此，夹杂私心的利己主义者当领导者最不称职。将自己的利益放在首位的领导者的行为，不仅会极大地降低现场的士气，而且会让整个组织道德堕落。

越是地位高的人越会看重自己，这是普遍的情形。然而，领导者越伟大越应该率先做出自我牺牲。不能把自己的事情搁一边，没有勇气接受让自己吃亏的事情，我认为这样的人没有资格充当领导者。

其次，作为领导者被要求具备的另一种资质就是勇气。

领导者以公正的姿态做出了正确的判断，为了将这种判断付诸实行，就必须具备勇气。因为即使是正确的判断，也未必能让所有的人全都赞同，因这种判断而蒙受损害的人会唱反调。即使在这种情况下，领导者也必须果断地遵循正确的判断，将正确的事情以正确的方式坚决地贯彻下去。

像这样，不畏惧任何困难，堂堂正正地将自己认为正确的事情贯彻到底。要做到这一点，就必须具备真正的勇气。

领导者缺乏勇气、不敢正视严峻的现实、妥协退让等，都是不可容忍的。领导者胆小怕事、优柔寡断的样子，部下一眼就能看穿。看到自己的上司那副不争气的面孔，"原来我们的领导是位没出息的家伙"，在顷刻间领导者就会丧失来自团队的信任和尊敬。

要当领导者，必须具备克服一切困难障碍、把正确的事情以正确的方式贯彻到底的勇气和信念，朝着实现目标的方向大步迈进。

再次，领导者必须谦虚。

特别是有能力、有业绩、优秀的领导者，我更希望他们将谦虚这项资质学到手。人一旦获得成功，往往就会过分相信自己，认为成功是由于自己能力强，因而傲慢起来，以致忘记了应该感谢周围的人，放松了努力。

傲慢的领导者可能取得一时的成功，但他的成功绝不可能长期持续。这一点从世界各国的历史中可以看得一清二楚。曾有多少英雄豪杰争相崛起，而一旦成功，他们就忘乎所以，忘却谦虚，傲慢不逊，因而从顶峰坠落。

鉴于这样的教训，我曾经三次把"要谦虚，不要骄傲，要更加努力"作为京瓷的经营口号。

当时，京瓷获得了飞跃性的发展，作为经营者，我自己也受到了来自社会各方的很高的评价。我觉得，正是这样的大好时机，更不能忘记谦虚，不能骄傲自满，不能懈怠努力。提出这样的口号，一方面是诫勉自己，同时让干部员工懂得谦虚多么重要，让他们更深切地理解，只有再接再厉、加倍努力，才能保证企业今后的发展。

在各种场合中，我反复强调这种观点，而员工们也接受了、响应了，因而京瓷后来没有骄傲自大，全体员工共同做出了无止境的努力。我想正因为如此，才有了京瓷今日的成就。

我期望在座的各位，你们即使获得了成功，也绝不能忘却谦虚，要抱着对周围人的关爱和感谢之心，加倍努力。只有这样的领导者，才能打造永续成长发展的团队。

最后，领导者应该始终保持乐观开朗的态度。

充满梦想和希望，保持乐观向上的态度，在团队内营造开朗的气氛，这也是领导者的一项重要工作。

一旦从事经营，困难的课题就会接二连三地发生。

但局面越艰难，越不能失去梦想和希望。

一方面是"无论如何也必须苦干"的坚强决心，另一方面是"不管怎样，自己的未来一定光明灿烂"的必胜信念。人生中保持乐观开朗的态度非常重要。

对处于逆境中心的当事人来说，要做到这一点也许极为困难。但即使是强迫，也要让自己那么去想。同时，作为领导者，向部下灌输这些正面的思想，做出比过去更大的努力，这很重要。保持乐观向上的态度，一心一意地努力，毫无疑义，必然会获得回报。

不管现在处于何种逆境，自己的将来一定充满光明。持有这种心态，不仅是作为领导者的必要条件，而且是人生成功的铁则，是人们生存的智慧。

第五项资质：抱有关爱之心

我认为，领导者必须发挥出强有力的领导作用，而在他的心底，又必须抱有亲切的关爱之心。

换一种说法，可以用基督的"爱"和佛陀的"慈悲"来比喻。领导者必须持有一颗对别人充满关爱的善良之心。

祈愿部下及其家族都能过上幸福的生活，祈愿交易商、客户、地区、社会、自己周围所有的人生活幸福。抱着这种深沉的爱去工作，去做事业，就能得到周围人的协助，甚至获得天助，事业一定能顺利进展。

我坚信，一颗亲切的关爱之心，才是领导者应该具备的最根本的资质。只有具备这一条，领导者才能引导集团走上永久的幸福之路。

换句话说，集团的领导者归根结底要在心中怀有大爱、深爱，在此基础上采取行动。经营企业绝不能依靠强权，不能让部下恐惧畏缩。

就是说，领导者绝不能只考虑自己，绝不能充当"利己的独裁者"，什么事情都凭自己的好恶做决定。这种独裁专断的领导方式必然招致集团内部的恐惧和疑惑、憎恶和反感，最终导致集团的崩溃。

但是，如果领导者一味迁就部下的意见，容忍个人贪图轻松安逸的倾向，那么集团的纪律就会松弛，陷于功能不全的泥沼。

从这个意义上说，必须认真思考"真正的领导力究竟是什么"。

领导者必须具备使命感，具备坚强的意志和信念，具备真正的勇气，对集团进行严格的指导，统率集团向前奋进。但在另一方面，领导者又不能自以为是，要经常倾听集团成员的意见，汇集众人的智慧，思考不是对于自己而是对于集团而言，什么是最好的方法，由此做出判断。

这两个方面必须平衡，不能偏向任何一方。真正要管好一个组织，只强调发挥强有力的领导作用，或者只强调尊重部下的意见，都是片面的、不可行的。

总之，为了实现目标，必须发挥强有力的领导作用。但仅仅这样还不够，领导者应该抱有一颗温暖的关爱之心，要了解团队人员的想法，努力将他们的力量凝聚到同一个方向上来。这样来把团队引向既定的目的地,这就是对领导者的要求。

斗胆用一句话讲,真正的领导者应该是"以爱为根基的反映民意的独裁者"。我认为,将篷马车队安全带到美国西部的队长,就是这种充满关爱之心、在尊重大家意见的同时,能按照具体情况,果断决策,发挥出卓越领导能力的人。

而且,只有这样的领导者,才是在混沌纷乱的时代开辟生路、带领集团成长发展的真正的领导者。

今天,我以"领导者的资质"为题,逐条对照奠定了美国发展基石的篷马车队队长,给大家讲述了"理想的领导者应有的形象"。

聚集在这里的各位朋友,我想你们都是企业经营者或各部门的负责人,都取得了优秀的工作业绩。如

> 真正的领导者应该是"以爱为根基的反映民意的独裁者"。我认为,将篷马车队安全带到美国西部的队长,就是这种充满关爱之心、在尊重大家意见的同时,能按照具体情况,果断决策,发挥出卓越领导能力的人。

果你们认真理解我今天所讲的内容，并努力实践的话，就一定能够提升你们组织的向心力，引导团队取得更大的发展。

像篷马车队队长开辟了美国历史崭新的地平线一样，我祈望在座的各位，作为中国经济社会的旗手，发挥出真正的领导能力，为代表中国大都市之一的重庆的进一步发展，为不断发展的经济大国中国的进一步成长，做出更大的贡献。我的演讲到此结束。

谢谢大家。

第二章

领导者的人格

企业经营的伦理

在盛和塾第十届全国大会上的讲话

⊙稻盛和夫　京瓷名誉会长

在领导者的资质中人格最为重要。领导者保持自己高层次的人格，是解决当前企业治理危机最根本性的方略。我们要时时事事思考"作为人，何谓正确"，不断自问自答，不懈努力，去"提升自己的人格""提升自己的心性""拓展公司的经营"。

引言：由领导者引发的丑闻接连不断

最近的报章杂志煞是热闹：在日本经济界，东京电力公司隐瞒核电站事故被曝光；日本火腿株式会社将进口牛肉伪装成日本国产牛肉遭揭露，等等，大企业的违法事件接二连三。美国也一样，大型能源公司安然、大型通信公司世界通信都爆出会计做假账的消息，引起舆论哗然。坏事不限于商界，在政界也是丑闻频发，整个社会陷入了病态。

汇集在这个会场的都是企业的最高领导者，或者是接班人，都是正在或将要统帅集团的领袖人物。观察历史就能明白，一个国家会因为一个领导者而繁荣兴旺，也会因为一个领导者而衰败甚至灭亡。一个领导者的判断对于集团而言，将会产生多么巨大的影响，我们都能感觉到。

但是，实际上，刚才已经提到，由领导者参与的不法事件接连不断。安然公司因经营者直接指挥财务作假而破产倒闭。监察安然公司的美国五大会计师事务所之一的安达信，也因安然事件监察失职，结束了它作为大型会计师事务所的历史。世界通信公司也因创业者参与篡改财务数据一事暴露，经营真相大白，股价狂跌至一美元以下。

这种现状让人们痛心疾首。本来应该带头排除不当行为的领导者，自己却染指丑闻。看到这种现象，我甚至担心整个社会都可能堕落。我们自己都是引领企业团队前进的领导者，我们的思维方式稍有差错，就可能招致企业的灭亡。作为企业经营者，我们责任重大。为此，今天我以"领导者的人格"为题，谈论我的观点。

第一：企业治理的危机和领导力

位于美国华盛顿的专家智囊集团——美国国际战略研究中心"（CSIS）[⊖]创立 40 周年的纪念典礼，2002

　⊖　又译美国战略与国际问题研究中心。

年 9 月 10 日在华盛顿举行。另外 CSIS 和稻盛财团共同创建了阿布谢亚·稻盛领导力研究所（阿布谢亚是时任 CSIS 执行官的名字），这是一个教育机构，目的是培育世界性的领导者，2003 年 1 月该机构开始运行。在 CSIS 创立 40 周年的纪念典礼开幕的前一天，合作双方就研究所的有关事宜进行了商讨。在其后的晚餐会上，面对美国政、商各界领导者，我以"企业治理的危机和领导力"为题，发表了演讲。请允许我先读一下演讲的原稿，然后再做补充。

2002 年 4 月，在"阿布谢亚·稻盛领导力研究所"成立时的演讲中，我谈到，为了社会经济的健康发展，培养具备优秀人格的企业领导者、培养真正合格的经营者是非常重要的。

当时安然事件虽然引起了世间的骚动，但在一般人的认识中，那不过是一个特殊的个案，美国的企业经营还是正常的、健全的。

然而，从那以后仅仅过了半年，现在，世界通信的会计假账曝光，大家都知道了在这一违法行为中，企业领导者涉案很深。

不仅是美国，就是在日本，这几年来，因经营高层参与的违法事件暴露，许多历史悠久的大企业遭到无情的淘汰。

起因于企业领导者的企业违法事件，不仅招致当事企业的破灭，而且事态发展到人们对整个经济社会失去了信任。因此，我觉得这个领导力研究所的作用就显得更加重要。

为此，今天，我就有关"企业治理的危机和领导力"这一命题，依据我40多年经营企业的经验，发表我个人的看法。

先说结论。我认为，在领导者的资质中人格最为重要。领导者保持自己高层次的人格，是解决当前企业治理危机最根本性的方略。

我认为，在领导者的资质中人格最为重要。领导者保持自己高层次的人格，是解决当前企业治理危机最根本性的方略。

稻盛和夫

但是，一般人却认为，作为企业领导者的资质，人格因素虽然重要，但比人格更重要的是领导者的才华和努力。

实际上，环视当今的商界，无论是创立新兴风险企业获得巨大成功的创业型经营者，还是出任大企业的 CEO 后，让企业再度飞跃发展的、被誉为"中兴之祖"的经营者，凡是这些成功的经营者，无不聪明能干、才华横溢，而且个个热情焕发、干劲十足。他们不仅运用自己的商业才能开发出崭新的技术、市场模式、经营战略，而且发挥出燃烧般的热情，付出了不亚于任何人的努力，领导事业不断发展壮大。无论是证券分析师，还是风险投资人，都给予这些才华出众、不惜努力的经营者领导的企业高度的评价，结果，这些企业的股价居高不下。

但是，在几年前，当 IT 走红的时候，有许多崭露头角的经营者和企业，如彗星般突然出现，不久后又在我们眼前消失。看到这种情形，我强烈地感觉到，仅凭才华和努力做评价的基准是不对的、不可行的。

再看引起舆论哗然的世界通信的案例，就更清楚了。因为我创建了日本第二大的电话通信公司，具备这方面的经营经验，所以我想以世界通信这个企业为例，来论述领导者的资质。

大家知道，世界通信是创始人伯纳德·埃伯斯先生于1983年兴办的企业，而1983年正是盛和塾的前身"盛友塾"开办的年份。世界通信的创办与我义务开办的盛和塾正巧是同一年，让我感到似乎有着某种因缘。

在一年以后的1984年，顺应日本通信自由化的潮流，我创建了通信电话公司——第二电电。那时候，我在经营上就是参考美国的长途电话通信公司MCI，这家公司不久后被世界通信收购。

埃伯斯先生运用积极的M&A(mergers and acquisitions，即企业并购，包括兼并和收购两种方式)战略来扩展企业。从收购MCI公司开始，络绎兼并和收购了50多家企业。在不到20年的短时间内，就成长为足以对抗

AT&T 公司（American Telephone & Telegraph，即美国电话电报公司，创建于 1877 年）的通信电话公司。世界通信的商业模式是：将自己公司的股票维持在高价位上，然后用这种高价股票通过交换的方式来收购与自己竞争的企业。

然而，到了 2002 年，世界通信财务作假的问题开始浮出水面，2002 年 6 月，已经判明该公司做了 38 亿美元（约 5 000 亿日元）的"粉饰决算"。世界通信作假的方法是：将本该打入成本的一般经费记入设备投资科目，将 EBITDA（earnings before interest, taxes, depreciation and amortization，即税息折旧及摊销前利润）维持在高位上，这是证券分析师最看重的一个指标。

就是说，隐瞒企业经营的真实状况，给外界一个超过实际情况的更好的形象，保持公司股票的高价位，从而继续采用 M&A 战略以谋求企业的高速发展。而埃伯斯先生和公司的首席财务官（CFO）通过持有公司的原始股票（stock option）可以获取高额的报酬。换言之，世界通信财务作假的问题发端于经营者的利己欲望。

因此，可以说，世界通信的问题乃是企业领导者的人格低下所引发的问题。但是，我认为那些证券分析师和风险投资人也有一部分责任，因为他们只注重企业经营者的才华和努力，而没有看清他们人格上的问题。

日本有句格言："恃才者，败于才。"天资聪明的人，发挥自己出众的才华可以取得很大的成功，但是，如果他过分相信自己的聪明才智，或者将他的才能用错了方向，就必然会导致失败。因此，日本的先人用这句格言来告诫世人。

就是说，越是才华出众、越是热情高涨的人，他们的能量就越大，就越需要有一种东西来控制他们的这种能量。

我认为这就是人格。只有人格才能驾驭才华和努力发挥的方向。如果人格扭曲，就不可能在正确的方向上发挥他的才能和热情，结果就会导致经营的挫折和失败。

　　很多经营者都知道人格的重要性，但人格是什么？怎么做才能提升人格，或者维持高尚的人格？人们却并不清楚。正因为如此，一时取得成功却不能维持繁荣，过后又失败没落的经营者层出不穷。

　　那么，所谓人格究竟是什么呢？我认为，所谓人格是由人出生时就具备的性格，和他在此后的人生道路上学到的哲学两者构成。就是说，在一个人先天的性格之上，加进后天学得的哲学，才形成了这个人的人格。

　　先天的性格因人而异：有的人强势，有的人软弱；有的人胆大，有的人慎重；甚至有的人自私任性，有的人富有体谅和同情之心。可以说人的性格千差万别。

　　如果一个人在其人生道路上没有学到正确的哲学，那么他天生的性格就会原封不动地成为他的人格。而这个人格就决定了他的才华和努力前进的方向。

　　如果是这样，那么在这个人身上会发生什么事情呢？假如他是某个组织的领导者，他天生就有自私自利的性格，但他才能出众，又不断付出不亚于任何人的努力，他可能取得成功。但因为他的人格有缺陷，在某种情况下，他就可能为了满足自己的私利私欲而干起违法的勾当。因此，他的成功就不可能长期持续。

令人遗憾的是：任何人先天的性格都不可能完美无缺。正因为如此，就必须在生活和工作中学习和掌握优秀的哲学，努力提升自己的人格。特别是雇用了很多员工、负有很大社会责任的企业经营者，就更需要尽最大的努力去提升自己的人格，并把它保持在高尚的水准上。

我们应该学习和掌握的优秀哲学，就是经过了历史风雨的考验、由人类长期传承下来的"圣贤的教诲"。它告诉我们"人本来应该是怎样的"，告诉我们"人应该具备的思维方式"，就是正确的为人之道。这种哲学具备感化人心的力量。

这里需要注意的是，"知道和实行是两回事"。比如，对于基督的教诲、释迦牟尼的教诲、希腊哲学、中国的孔孟之道，我想大家可能都学了一些，作为知识大家也都理解。但是，对于这些圣贤的教诲，如果仅仅作为知识掌握，并没有什么价值。必须用这些教诲来告诫和勉励自己、提升自己的人格。

作为领导者需要反复学习这种体现正确的为人之道的哲学，不仅用理性去理解它的意思，而且要不懈努力，将哲学渗入自己的理性之中，从内心真正接受、认同。

这样做，就能弥补自己性格中原有的缺陷，校正扭曲的部分，塑造自己新的人格，或者叫第二人格。

就是说，要反复学习优秀的哲学，使之成为自己的血肉，这样才能提高并维持自己的人格。

一般的人，对如何正确做人的哲学，学过一次就觉得足够了，他们不愿意反复学习。但是，运动员只有天天锻炼身体，才能保持自己的体能。心灵的修炼也一样，一旦懈怠，很快就会回到原点。

因此，必须持续努力，将描述"人应有的姿态"的优秀的哲学不断注入自己的理性，不断提升自己的人格水准。

为此，时时回顾自己的言行，日日反省自我，这一条也很重要。学过的正确的为人之道，在行动上有没有违反，要严肃自问，天天反省。这样做就能够维持自己高尚的人格。

我认为，为了提高和维持人格，有两条准则十分重要：一条是要反反复复学习优秀的哲学；另一条是要天天自我反省。这两条必不可缺。

正如开头所讲，日本也好、美国也好，不少著名企业因违法乱纪而破产或陷入窘境。这些企业依靠天资聪明的经营者非凡的努力发展壮大，但因为这些经营者的人格没有提升，所以越是靠才华和努力提高了业绩，他们的欲望就越加膨胀，越想获取更多的利益，不知不觉中就干起了不法的勾当。

企业治理没有捷径。领导者将古今东西优秀的哲学典籍置于案头，随时翻阅，努力提升人格，努力保持高尚洁白的人格。这样做，看起来似乎迂拙，但我相

稻盛和夫

信这是防患于未然，即预防领导者及其企业堕落的最好的办法。

采取这样的措施就能克服企业治理的危机吗？或许有人会提出这样的疑问。但是，如果由只具备才华和努力两个要素而缺少人格的领导者掌握大权，允许他们在企业里飞扬跋扈，那么，不管构建了多么严密的企业治理的体制系统，结果都会形同虚设，变得有名无实。

因此，我希望，阿布谢亚·稻盛领导力研究所对于那些富于才华、不懈努力、立志成为世界性领袖的年轻人，不但要教育他们懂得人格的重要性，而且要教他们应该怎么做，才能塑造和保持高尚的人格。我希望通过这样的教育，能够使担负起人类未来使命的优秀领导者不断涌现。我衷心祈愿，阿布谢亚·稻盛领导力研究所成为促进这种人才辈出的场所。

19世纪后半叶，当日本迎来近代化黎明期的时候，倡导实学教育的启蒙思想家福泽谕吉，面对怀抱青云

之志的年轻学生们，就理想的实业家应有的形象，讲
了如下一段话：

思想深远如哲学家，

心术高尚正直如元禄武士，

加上小俗吏的才干，

再加上老百姓的身体，

方能成为实业社会的大人物。

才华和努力不用说，同时必须兼备高水准的人格，只
要这样的人才辈出，一个健康的经济社会就能培育起来。

我期望阿布谢亚·稻盛领导力研究所作为这种优秀
企业领袖的孵化器，为经济社会乃至人类的未来做出
贡献。

为此，我希望今天在座的诸位给予阿布谢亚·稻盛
领导力研究所更多的理解和支持，就此结束我的演讲。

现在，在全世界，由领导者插手参与的违法事件络
绎不绝。正好在这个时候，由日本和美国一起创办这

个研究所，目的是培养世界性的领导者。我发表以上的演说，就是要在美国政、商各界领导者面前敲响警钟。

第二：天天学习钻研，提升维持人格

在经常给大家讲的人生方程式中，我使用"能力"这个词，但在这次演讲中，我却用了"才华"这个词。才华是指善于构筑和推敲企业战略，能够不断开发富于创造性的产品或经营模式，在这些方面才华横溢。

同时，我把方程式中的"热情"换成了"努力"。能够控制这种才华和努力的要素就是人格。

每个人都具备与生俱来的性格，有的人正直诚实，有的人任性自私，每个人都有各自不同的性格。但是，我们在人生中不能率性而为，不能任性。我们必须在人生道路上学习先人的教诲，提升自己的人格。刚才的演讲中我也提到，要时时反省，要思考做人应有的姿态，要不断努力去提升人格，这是非常重要的。

在盛友塾刚刚开张的时候，我在回顾自己的人生时说道："我经营企业的每一天，就是提升自己理念的每一天。"盛和塾本部理事矢崎胜彦先生说，听到这句话，他因感动而颤抖。就是说，理念、哲学，不是学过一次、理解就行了，必须要不断地、长期地学习和提升。

如果不努力去修正心性、不努力去提升和维持人格，人格就可能变坏。这一点我在华盛顿的演讲中说了，今天我想再次强调。

说到这里，我想起了中坊公平（日本律师协会会长）对我说的下面这段话：

"邀请我给盛和塾的企业家们讲话，我讲过几回。我发现每次坐在前排听我讲话的人都是同一些人。听说盛和塾的成员都是中小企业的经营者，我讲的是世间的正道，与企业经营并没有直接的关系，但是他们听得非常认真，时时点头附和。他们不但认真听，而且认真记笔记，还一而再、再而三地赶来听讲。最初我想，这些人好像对听名人演讲比经营企业更感兴趣，估计他们的企业经营得不会太好吧。但是一打听，他们经营得非常出色，真让人不可思议！"

对于这些"追星族"，我经常会问："你的公司真的没问题吗？真的不要紧吧？"他们一年之中，参加全国各地召开的塾长例会等达几十次之多，车旅费、住宿费花了不少，但听说他们的企业都经营得很好。由此，我感觉到这些"追星族"所做的，就是不断提升和维持自己的人格。

在盛和塾里，有的人听我讲话后会说："塾长的话总是大同小异，这话我已经听过多次了。"但有的人即使多次听过我的话，也像初次听到一样，带着感动专心聆听，每次都认真记录。我想在他们的笔记本上，相同的语句会多次出现。但就是这些相同的话语，他们反反复复听，认认真真记，过后再用心读。实际上，这些行为本身就是在提升人格。人不管学什么，只有反复才能掌握。这样，在需要做出重大的经营判断的时候，自己掌握的哲学才会自然而然地出来发挥作用。

这样想来，盛和塾的"追星族"企业经营出色的原因，我也就能理解了。

第三：企业经营中不可或缺的朴实的教诲

前面提到的有关牛肉造假的问题，我担心，日本火腿公司销售额会大幅下跌，面临严峻的局面。作为解决疯牛病的对策，日本政府决定收购市场上所有的国产牛肉，进行销毁处理。日本火腿公司乘机将进口牛肉也伪装成国产牛肉申请收购，骗取收购金额。当事实开始暴露时，又说谎掩盖真相。

"不可以骗人！上天正看着呢！"这样的话，我们在孩童时代就听过。"不能骗人！""不可说谎！""应该正直！"这些幼儿都能理解的理所当然的教诲，大家都知道。如果对日本有代表性的大企业的社长讲这些道理，他会这样反驳："不要把我当傻瓜！我以优异的成绩毕业于超一流的大学，进入著名的优秀公司，勤奋工作，努力钻研，登上了社长的座位。对我这样的人，你来讲什么'不可骗人''不要说谎'之类太过幼稚的话，不是很失礼吗？"然而，就是这些大企业的社长，却若无其事地、满不在乎地破坏这些起码的做人准则。

东京电力公司的核电站问题也一样。问题起因于原子炉内出现了裂痕，如果如实报告，就要花费高额的修理费用。同时公司还担心，对利用核能的反对意见或许因此会更加激烈。另外，这种程度的裂痕还不会马上对安全造成影响，因此公司保持沉默。同时，公司篡改有关数据，制作假报告。但是，当事实被揭发后，历代社长四人辞职，他们都在经济界担任要职，都是被公认为人格高尚的优秀领导者，却犯了这么低级的错误。

"不能撒谎！""不许骗人！""不可贪心！"这些在幼儿园教的道理，人们为什么不能遵守？因为这样的教育没有反反复复地进行。

就是说，作为知识大家都知道，但它们却没有渗入人格中去。如果这些教诲渗入了人格，那么，当部下想做不正当的事情时，领导者用"那么做可不行"一句话就能制止他们。但因为真理没有渗入人格，所以人们就做不到。如果如实公布真相，就会有大问题，不如将报告稍加篡改，稍微撒点谎，是被允许的。就这样，不法行为就大行其道了。

大型能源公司安然的破产，大型通信公司世界通信的崩溃，在危机爆发之前，情况都一样。为了让自己的公司看起来光鲜，以此维持高股价。股价高，自己就可以获取巨额的资本利得。这种利己的欲望作祟，让人忘记了做人最基本的准则，"干这一点坏事不要紧吧"，于是他们就做假账，粉饰决算。

这些问题的发生，表明企业治理出了纰漏，为了防止这类违法事件再次重演，应制定企业内部的规则，制定预防体系。大家都这么说，但是，因为问题的根源在于运用这些规则和体系的人的人格，所以，不管制定多么严格的规则、多么精巧的体系，都不可能从根本上解决问题。但是实际上，防患于未然的办法很简单。质朴的、单纯的、理所当然的伦理，只要把这些放到重要的位置上就可以了。

"不可偷盗！""不可撒谎！""不可诓骗！""不可贪婪！""必须正直！""不给人添乱！""以利他之心积极地为别人尽力！""以美好的关爱体谅之心与人交往！"就是这些单纯的、最基本的准则，也就是教育儿童做人的原理原则，只要作为组织领导者的我们，天天回味它们，天天自我告诫，并付诸实行，这就行了。

19年这么漫长的时间内，在盛和塾，我讲的话都是同一个意思，我与大家共同学习。这次全国大会，从全国各地有超过1 200人赶来参会。在如此严峻的经济形势中，有如此众多的企业领导者离开自己的公司汇集于此，来参加学习是为了提升自己的人格。从世间的常识看来，这似乎是不可思议的事情。聚集在这里的企业家们，都会经常告诫自己，提升人格才是最重要的，并不断努力精进。而这样努力的结果，就提升了企业的经营业绩，我想这就是我们盛和塾值得夸耀的特征。

第四：听了为人之道且愿意实行的人

2 500 年前，释迦牟尼游历各地，巡回说法。据说，他曾向弟子们提出一个问题："我这样到处说法，讲述正确的为人之道，讲述人应有的正确心态。我为什么要这么做，你们明白吗？"释迦牟尼讲了下面一段话：

人分三种类型：第一种人，他们即使听了正确的为人之道、人应有的正确心态，也不以为然，认为这些道理并不重要，也不打算去实行；第二种人，即使不给他们讲正确的为人之道、人应有的正确心态，他们也认识到这些道理很重要，并决定要付诸行动；第三种人，当他们听了正确的为人之道、人应有的正确心态以后，认为这些道理非常重要，必须实行，必须遵守。

正是为了第三种人，就是听了我的讲话之后，觉悟了，决定要付诸实行的人，我才会去巡回说教。这第三种人因为过去不明白正确的为人之道、人应有的正确心态，所以没有实行。当他们明白之后，就觉得一定要去遵循、去实行。正因为有这些乐于从善的人，我才会去巡回说法。因此，那些不想听的人不听也罢。

聚集到盛和塾来的诸位就是这第三种人。但也有人听了我的讲话之后，认为"这些带着佛教色彩的话都是不言而喻、理所当然的道理，听了没意思"，所以不再来参会。但是，我也向释迦牟尼学习，即使有这样的人也没关系，只要有能理解我的讲话、产生共鸣的人存在，哪怕不多，我想我还会讲下去。

从今年开始，我在各地举办公开讲座，向一般市民做演讲。因为虽然我的水平有限，但想到有的人听了我的讲话后，会改变自己的人生，所以我会在繁忙的日程中抽出时间，去拼命说教。

第五：利他的人生和利己的人生

还有一点，是我最近思考的。与刚才发表经营体验的阿斯卡公司的阪和彦先生的讲话也有关联。在 2002 年 8 月 12 日福冈做公开讲座时，我听到了日本柔道界领导者山下泰裕先生的故事。据说山下先生在小学时代是个捣蛋鬼，尽干坏事。父母因担心他的前途，让他去学柔道。"我个头高，本是一个活泼少年，因力大无处使，就干起了坏事，在学校总受斥责。但一进道场，穿上柔道服，依规则训练，不管多顽皮也不受责骂。这么一来，精力过剩的淘气大王就如鱼得水了，眼见着茁壮成长。"山下先生自己现身说法。

后来，山下先生通过柔道塑造了自己的人格，健康成长。针对日本现代柔道的创始人嘉纳治五郎先生所讲的"精力善用"一说，山下先生又这么说："虽然我还是小学生，体格却不亚于中学生，精力旺盛，因为精力过剩就做坏事。父母因担心，送我去学柔道。那时读到了嘉纳治五郎先生的书，知道了'精力善用'这个说法。我将这句话换成'能力善用''热情善用'，现在还经常说给自己听。"

我认为他讲得很对。

能力也好、精力也好，一定要用在好的方面。与生俱来的能力、精力，如果"善用"，就会成为优秀的人，如果"恶用"，就会成为坏蛋。山下先生从嘉纳治五郎先生的语言中学到了这个道理。

在这里非常抱歉，又要用阪和彦先生作例子。阪先生有才干、有体力，学生时代，上课时又抽烟、又喝酒，一只脚踏进了黑社会，学坏使坏。如果发展下去，或许会当上黑社会的头目。但是，因为母亲的大爱改变了他的人生方向，从此走上了光明大道。

一个人的能力、精力用在好事上还是用在坏事上，他的人生将迥然不同，我想从下面的例子中可以看得更加清楚。

暴力团、总会屋、革命家等，他们往往巧舌如簧，善于尖锐地抨击对手。这类才华出众的人，时过境迁，有的成为保护环境的激进的活动家，有的成为积极的人权维护者。

例如，像美国黑人民权运动领袖马丁·路德·金牧师那样，将具备的力量和勇气向好的方面发挥，就会成为一个出色的慈善家或社会改革家。但是，如果在错误的方向上发挥其力量，他就可能成为暴力团头目，或成为暴力革命家。就是说，即使原本的资质相同，但如果"善用"这种资质，就会成为对社会有益的人；如果"恶用"，就会给社会造成恶劣的影响。

那么，所谓"善用""恶用"的区别在哪里呢？就在于"利他"和"利己"的不同。如果由利他之心驱动，就会"善用"，而由利己之心驱动，就会"恶用"。精力充沛、能力出色的山下在少年时接触了柔道，通过柔道，从礼义规矩到"为社会、为世人"的道义，都由道场的老师传授。在柔道技术长进的同时，学到了"作为人，何谓正确"这种哲学，自己的身上萌生了利他之心，朝着利他的正确方向使用自己的能力和精力，成了一个了不起的人物。

"能力善用""精力善用"，就是把充沛的精力、出色的能力用在为周围的人谋利上，这么做就能成为优秀的人物；如果用在满足自己的私利私欲上，就会成为坏人。差别仅仅在于这一点上。

> "能力善用""精力善用"，就是把充沛的精力、出色的能力用在为周围的人谋利上，这么做就能成为优秀的人物；如果用在满足自己的私利私欲上，就会成为坏人。

有些人因为自己的人格没能提升，因为不知道将自己的能力用于满足个人的私利私欲是错误的，所以走上了利己主义的人生道路。因此，抛弃利己主义，学习做人的正确的思维方式，将它变为自己的东西，这是很重要的。

对于正确的人生道理无动于衷，听了也不会改变的人，不必去强求。但是，对于听到正确的思想哲学后产生共鸣、想要改变的人，就一定要教给他们，让他们走上人生的光明大道。

我们要时时事事思考"作为人，何谓正确"，不断自问自答，不懈努力，去"提升自己的人格""提升自己的心性""拓展公司的经营"。只要这么做，在盛和塾学习的各位的企业就不会发生违法丑闻，而且以如此美好的心灵去从事经营活动，各位的企业一定能持续兴旺。

第三章

领导者的十项职责

在北美京瓷集团干部会议上的讲话

⊙稻盛和夫　京瓷名誉会长

领导者必须向员工说明工作的目的意义，设定具体目标，制订相应的计划，怀着强烈的愿望，付出不亚于任何人的努力，表现出坚强的意志，绝不放弃，磨砺自己的人格，关爱员工，调动他们的积极性，共同致力于创新。

明确事业的目的意义，并向部下指明

开宗明义第一项就是：领导者必须明确事业的目的意义，并向部下指明。

要明确究竟为什么要兴办这项事业，它的目的意义在哪里。而且这个目的意义要让人感觉到大义名分："原来自己是在为了这么崇高的目的而工作的"，否则，就不能凝聚和发挥部下的合力。

京瓷公司事业的目的意义是："在追求全体员工物质和精神两方面幸福的同时，为人类社会的进步发展做出贡献。"整个京瓷集团以这一企业理念为指导展开经营活动。但北美的京瓷集团的领导者应该要求集团各个部门确立各自的具备大义名分的目的意义。

例如，如果是销售车站自动售票机热敏式打印机上使用的磁鼓的部门长的话，那么，为了员工的幸福，需要提升销售额、把企业经营好。这就是这个部门工作的目的意义。但不仅是提升销售额、扩展事业，而且"要通过扩大热敏式打印机的销售，对美国信息产业的发展做出贡献"。必须确立这种具备大义名分的目的意义。

领导者为了引领部下，首先必须明确自己部门工作的崇高的、美好的目的和意义。

> 领导者为了引领部下，首先必须明确自己部门工作的崇高的、美好的目的和意义。

设立具体的目标，制订实现目标的计划

第二项：领导者必须设立具体的目标，并制订实现这一目标的计划。

明确了事业的目的意义之后，接着就要求制订具体的目标和计划。在制订目标和计划时，领导者必须发挥核心作用，但同时领导者又必须充分听取部下的意见，集中众人的智慧。

不只是自上而下，从目标和计划开始酝酿、讨论的阶段就要让部下一起参与进来。必须让部下意识到"这

> 不只是自上而下，从目标和计划开始酝酿、讨论的阶段就要让部下一起参与进来。必须让部下意识到"这是我们自己制订的目标计划"。

是我们自己制订的目标计划"。

但是,当把部下召集起来,听取意见后制订的计划,与企业领导者的想法相差太远时,可以采用由上而下的办法来决定。不过,在由上而下做出决定的时候,对于为什么要设定这样的目标、计划,必须将其理由向部下做出诚恳的、充分的解释。

领导者做的决定,必须向部下做透彻的说明,要让部下从内心真正认同、接受。

心怀强烈的愿望

第三项:领导者心中要怀有强烈而持久的愿望。

领导者心中必须怀有强烈而持久的愿望,应该以这种强烈的愿望去实现自己设定的目标。

过去,我曾经提出过这样的经营口号:"以渗透到潜意识的、强烈而持久的愿望和热情,去达成自己设立的目标。"用这个口号来激励和带动员工。

　　这里所说的"愿望"，是 24 小时，就是不管睡着还是醒着，心中都要怀抱的强烈的愿望。缺乏如此程度的强烈的愿望，愿望就不可能实现。

　　同时，为了与部下共同拥有这个强烈的愿望，我会召开"company"（恳亲会、酒话会）敞开胸襟，向部下彻底地说明实现目标的意义。

　　与部下深入交谈的方法，不一定都要采用"company"的方式，但是，领导者抱有的强烈的愿望要利用一切机会向部下传递。只有把部下的士气提高到同自己相同的水准，才能凝聚全员的力量，才能把愿望变成现实。

> 只有把部下的士气提高到同自己相同的水准，才能凝聚全员的力量，才能把愿望变成现实。

付出不亚于任何人的努力

　　第四项：领导者要付出不亚于任何人的努力。

　　究竟什么人需要"付出不亚于任何人的努力"？我

稻盛和夫

认为就是领导者。领导者必须比谁都更认真、更拼命地工作，让部下看了感动因而效仿。领导者必须具备"付出不亚于任何人的努力"的真挚的态度。

京瓷哲学中有一条"成为旋涡的中心"。领导者在工作时必须把周围的人卷进工作的旋涡。

京瓷哲学中有一条"成为旋涡的中心"。领导者在工作时必须把周围的人卷进工作的旋涡。

领导者作为团队的中心应该率先垂范，让部下看着自己拼命工作的背影来带动部下，这是关键。

具备坚强的意志

第五项：领导者必须具备坚强的意志。

领导者缺乏坚强的意志就会给集团带来不幸。

在企业经营中，会遭遇急剧的景气变动和难以预测的事态。这时候，如果领导者缺乏坚强的意志，那么，已经设立的目标就会轻易撤销或向下修正。这么做，不仅会让目标变得有名无实，而且会让人失去对领导者的信任和尊敬。一旦制定了目标，要有无论如何也必须达成目标的坚强的意志，这是领导者最重要的资质之一。

拥有高尚的人格

第六项：领导者需要拥有高尚的人格。或者说，领导者必须意识到"自己一定要具备高尚的人格"，并不懈努力去提高自己的人格。

这不只是指已经拥有了高尚人格的领导者，还包括了意识到"自己必须具备高尚的人格"，并不懈努力提升自己人格的人。虽然现在还不具备高尚的人格，但觉悟到必须具备这样的人格，并不断努力，这是很重要的。

所谓"高尚的人格"不只是指已经具备了优秀的哲学思想，而是我前面讲过的，"不可骗人""不能撒谎""不

> 所谓"高尚的人格"不只是指已经具备了优秀的哲学思想，而是我前面讲过的，"不可骗人""不能撒谎""不可贪婪""必须正直"这些单纯的做人的道理。

可贪婪""必须正直"这些单纯的做人的道理。自己经常把这样的道理对自己说,因而能走上正道的人,就是觉悟到了必须具备高尚人格的人。

无论遭遇什么困难,都绝不放弃

第七项:领导者无论遭遇什么困难,都绝不放弃。

我认为,领导者应该是无论遭遇什么困难都绝不气馁、绝不放弃的人,领导者必须是把"绝不认输"作为信条的人。

我认为,领导者应该是无论遭遇什么困难都绝不气馁、绝不放弃的人,领导者必须是把"绝不认输"作为信条的人。

我经常用"燃烧的斗魂"来表达这层意思。在激烈的商业竞争中,领导者需要具备类似角斗士那样的斗争心,只有这样,才能率领团队,构筑企业的繁荣。

但是,所谓"斗魂",不仅是指针对竞争对手的斗争心,不管遇到任何困难都要达成目标。领导者必须具备这种不屈不挠的斗志。

怀着"爱情"与部下交往

第八项：领导者要怀着"爱情"与部下交往。

所谓"爱情"，就是关爱、同情、体谅，就是利他之心。再进一步说，就是类似于基督倡导的"爱"、释迦牟尼倡导的"慈悲"那样博大的爱情。但是，这种爱情不是"小善"，而必须是"大善"。就是说，不是眼前的、表面上的态度温和，而是从长远看，为了真正帮助部下成长发展，在必要时采取严厉的态度，这才是真正的"爱情"。领导者在日常的业务工作中要时时把部下的幸福挂在心上。

调动部下的积极性

第九项：领导者必须努力调动部下的积极性。

领导者必须做出努力，鼓起部下的干劲，调动部下的积极性。思考如何让部下在工作中始终保持充足的干劲，是领导者重要的责任。

> 领导者必须做出努力，鼓起部下的干劲，调动部下的积极性。思考如何让部下在工作中始终保持充足的干劲，是领导者重要的责任。

在部下困惑的时候，要像亲人一样，听取苦衷，深入交谈，并提出建议。另外，在部下达成目标或表现出色时，给予表扬夸奖很重要。发现部下的长处，就要赞赏，等等。要营造让部下热情投入工作的团队氛围，这是提升团队士气、达成目标的重要因素。领导者务必下工夫做到这一点。

富于创造性

第十项：领导者必须富于创造性，不断从事创造性的工作。

现在这个时代，日本的制造业必须比过去更富于创造性，必须进行挑战，开发更多的新产品、新技术，否则就无法生存下去。特别是京瓷属于高新技术产业，必须拼命努力，接二连三地进行技术开发和新产品开发。为此，领导者必须果断地挑战新的课题，在各个方面钻研创新，不断从事创造性的工作。

京瓷集团的各级领导者必须把这十项职责挂在心上，成为更加优秀的领导者，把企业经营搞得更加出色。

各级领导者必须把这十项职责挂在心上，成为更加优秀的领导者，把企业经营搞得更加出色。

第四章

企业统治的要诀

2013 年在稻盛和夫经营哲学成都报告会上的讲话

⊙稻盛和夫　京瓷名誉会长

　　企业经营的要诀，就是领导者要彻底贯彻实行这些内容：其一，要让员工爱戴你，甚至迷恋你；其二，要给员工讲述工作的意义；其三，要揭示企业的愿景和使命；其四，不断地向员工诉说企业的哲学；其五，努力提升自己和员工的心性。

稻盛和夫

引言

我是刚才承蒙介绍的稻盛。

在成都盛和塾各位塾生的大力帮助和支持下，稻盛和夫（北京）管理顾问有限公司主办的"2013年稻盛和夫经营哲学成都报告会"，有这么多中国企业家参与，还有不少日本盛和塾的塾生到会。在此，我表示诚挚的感谢！

在这个系列的经营哲学报告会上，我想系统地阐述我自己经营企业的思想和方法。这是在半个世纪的经营实践中，我体悟和归纳的经营的真谛。这样的报告会从2010年就开始了。

从北京讲"经营为什么需要哲学"开始，在青岛讲了"经营十二条"，在广州讲了"阿米巴经营"，在大连讲了"京瓷会计学"，去年在重庆讲了"领导者的资质"。

通过这些演讲，我论述了在企业经营中哲学的重要性、企业经营的原理原则、经营管理的思维方式和结构模式，还阐明了在企业经营中领导者应该发挥的作用。

在这一系列的演讲之后，今天我想以"企业统治的要诀"为题，来谈一谈在管理企业、治理企业的时候，经营者应该怎样来激励企业的员工。

为什么要讲这个题目？因为如何激励员工，不仅是小企业向大企业发展首先要面临的问题，而且已经变大的企业如何维持、如何继续成长，这个问题也不可忽视。如何激发员工的热情是企业经营中永恒的命题。

第一：作为经营者，要让员工爱戴你，甚至迷恋你

根据中国工商行政管理总局公布的资料，中国大约有半数企业在创业后 5 年内消失。而民营企业的平均寿命只有 3.7 年，生存期限极为短暂。由此可见，要让企业长期持续发展绝不是一件容易的事情。

今天在场的各位当中，有的人管理只有几十名员工

的小公司，有的人管理拥有数千名员工的大企业，各种规模的企业的经营者到场。我可以推测，各位企业家共同的烦恼就是"怎样激励员工，把企业变成热情燃烧的团队，促使企业持续成长发展"。

京瓷在创建之初不过是一个很小的所谓零细企业，发展到了今天这个规模。我想在介绍我的实践经验的同时，讲一讲经营者究竟应该怎样同员工打交道。

企业经营最初级的形态，就是自己单枪匹马，或者与夫人一起创业，开个家庭作坊或个体商店。但是靠这种形式，不管个人多么勤奋，拓展的空间仍然有限。想要扩大事业规模，就不能不雇用员工。哪怕是招聘一两名员工，与他们一起工作，谋求企业的成长发展。

在聘用员工时，作为雇主，经营者会开出条件，比如月薪是多少。应聘者如果接受，就会同意在这种条件下提供自己的劳动力。这是由签订雇用合同形成的一种买卖性的劳资关系，双方本来就不是合作经营的伙伴。

但是，经营者个人再努力也有限度。特别是小企业，没有可以依靠的人。因此，必须把身边仅有的几位员工当作共同经营的伙伴。让他们与自己想法一致、努力工作，支撑事业的发展。一定要让他们和自己同心同德、同甘共苦，成为共同经营的合作伙伴。

员工是一名也好、两名也好，从录用那一刻起，就要把他当作共同经营的伙伴迎入公司。并对他说："我就依靠你了！"而且平时就要用这种诚恳的态度对待他们。

员工是一名也好、两名也好，从录用那一刻起，就要把他当作共同经营的伙伴迎入公司。并对他说："我就依靠你了！"而且平时就要用这种诚恳的态度对待他们。

这么做的话，员工会小看我吧！无意间我们常会这么去想，但这种想法是不对的。从正面对员工直言相告"我要依靠你"，这样一种态度才是构筑公司内部正确人际关系的第一步。

"各位员工，让我们齐心协力把公司发展起来，请大家从各个方面来帮助我。我把大家当兄弟、当父子，与大家一起工作。你们不要把自己仅仅当作工薪族、打工者。让我们以这种心态共同奋斗吧！"这些话必须当面对员工讲清楚。

首先是"我要依靠你"这一句话，接着，经营者把员工当作共同经营的伙伴这样一种姿态。只要这么做，就能够点燃员工的热情。特别是对于小企业来说，做到这一点非常重要。

我在创立京瓷后不久，就利用各种机会，敞开胸怀，积极地向员工们讲述自己的想法，讲述公司将如何发展。我这么做，就是因为我把员工当作了共同经营的伙伴。既然是我的经营伙伴，就必须让他们理解我的想法。

同时，也正因为我把员工当伙伴，员工们才会认真地、用心地倾听我的讲话。"这样的社长，我甘愿追随。虽然公司的待遇并不高，但这个人我跟定了，我愿意一辈子跟他走"。为了让员工们萌生这样的心情，为了在企业里构建如此牢固的人际关系，我殚精竭虑，拼命努力。

"待遇确实不高，相反，工作却很艰苦，但是我强烈地感受到社长对我的期盼""单论条件，还有更好的公司可去。但与其跳槽，不如在这里加油，尽管这是一个不起眼的小公司"。必须努力让员工们产生这样的想法。

"既然社长这么说了，我就得全力去协助他！"要让员工发自内心说出这样的话，建立与员工心心相连的关系。小企业要发展，首先要做到这一条。

诸位经营者，你们给员工发工资、发奖金，但是你们必须超越与员工的这种金钱上的利害关系。无论何种情况，员工都甘心情愿追随你们，必须在企业里建立起这种关系。否则，公司绝不可能顺利地发展。

心心相通的关系，具备"一体感"、想法一致的公司，致力于构建这样的组织，这就是企业统治的第一步。

但是，尽管我们努力去构筑这样的关系，有时，我们信任的员工仍然会辞职离去。这是最让经营者感觉悲

> 心心相通的关系，具备"一体感"、想法一致的公司，致力于构建这样的组织，这就是企业统治的第一步。

哀的事。"这个人是可用之才！"正当你信任他、期待他，并委以重任的时候，他却轻易地辞职而去了。

发生这样的事，甚至会让社长产生自我否定的感觉。"这家伙大有可望，今后或许能成为公司的台柱"。当你看重他、用心栽培他的时候，他却瞧不起公司、嫌弃而去。对于每天全力以赴、认真工作的经营者而言，这是最寂寞、最苦闷、最无奈的事了。

为了不发生这种令人痛苦的事，必须意识到要与员工维系牢固的心灵纽带，要与他们建立发自内心的、令人感动的、心心相连的人际关系，为此，经营者一定要千方百计、努力再努力。

有一件事，让我再次痛感与员工建立这样的关系有多么重要。那是我从零开始创建的又一家企业第二电电，当它成为新生的 KDDI 后 5 周年的时候。

当时有四五位从 KDDI 退休的经营干部相约，招待我们夫妇俩一起外出旅行。他们在京瓷幼小时期就进了公司、勤奋工作，后来又被派到 KDDI，对京瓷和

KDDI 的发展都是有功之人。

行程安排是一起打高尔夫球后在旅馆住一宿，晚上举办谢恩会。我接受邀请，大家一边喝酒、一边推心置腹深入交谈。我说道："当初的京瓷只是京都的一家小企业，毫无名气。那时的大学毕业生是不肯进京瓷这种小型企业的，除非他们别无去处，但是你们却进来了。所谓'破锅配破盖'，也算门当户对吧。当时聚集到京瓷门下的，都是资质平庸的人。就靠着大家拼命努力，才有了京瓷的今天。"

我说到这里，他们就说，当时亲戚朋友都着实为他们担心："什么京都陶瓷公司，从来没听说过。这家公司可靠吗？还是找一家靠谱一点的企业吧"。

但是，接着他们却这么说："不错，我们对未来很担忧，但在见到稻盛以后，心里就冒出一个念头——如果是这个人的话，我们就甘愿追随、无怨无悔。就凭这一信念，我们一直努力奋斗，直到现在。"

如今，他们都拥有了相当多的资产。在京瓷上市前，我把京瓷的股票按面额分给他们。一旦变现后，他们都成了大资产家。所以他们又说道："我今年已经65岁了，和老婆孩子过得悠然自得，感觉很幸福。正因为遇到了你，才有了我的今天。"大家都为在京瓷度过的这段人生由衷地高兴。

可我说："不过啊，了不起的是你们。来到京瓷这个破公司，信任我这个没有经营经验、没有工作业绩，才30岁出头的青年，任劳任怨、心无旁骛，一直跟随我，才有了今天。这不是我给的恩赐，是你们自己奋斗的结果。"

于是，他们又说："不！我们真的很幸运。当时，我们有些同学进了好公司，一时很得意，神气活现的，可如今好比落败的公鸡，蛮可怜的。一开同学会，他们就很羡慕地说'你这家伙好运气！运气好！'无论碰到谁，都赞叹我们的人生幸福美满。"

"但其实，我们从年轻时开始，一心相信稻盛，拼命工作，夜里睡眠不足，假日很少休息，跟着稻盛打拼，才有了今天的幸福生活。"

他们说这样的话来感谢我。创业不久，进入还是小企业的京瓷，随即辞职的人很多。当时留下来并坚持到退休的这些人，前后经过 40 年，还特意为我开谢恩会，说了这些情深意切的话。

就是要培育这样的员工。诸位经营者，你们必须在公司内构建这样的人际关系。员工爱戴你这个社长，迷恋你，去哪里都愿追随你，要培养这样的员工。在这种心心相连的人际关系的基础之上，加快企业发展，让员工获得幸福。

这就是各位经营者的要务。

全方位的信任，无条件的追随，这就说明员工爱戴你这位社长。首先，诸位社长，你们必须要让员工发自内心地爱戴你、钦佩你。

那么，要获得员工的爱戴，该怎么做才好呢？很简单。如果你只爱自己，那么谁也不会爱你。忘却自我，乐于自我牺牲，优先考虑员工，只要你这么做，员工就会爱戴你。

所谓让员工爱戴，换句话说，就是要让员工迷恋你、因你的魅力而倾倒。"迷恋"这个词似乎不好听。总之，要把员工当成自己共同的经营伙伴。为此，经营者必须付出自我牺牲。

所谓让员工爱戴，换句话说，就是要让员工迷恋你、因你的魅力而倾倒。"迷恋"这个词似乎不好听。总之，要把员工当成自己共同的经营伙伴。为此，经营者必须付出自我牺牲。

所谓自我牺牲，首先是经营者在工作中必须比所有的员工更努力、更拼命。同时，下班以后，钱少点没关系，主动自掏腰包来犒劳员工，体现出对部下的关爱体谅。用这样的自我牺牲来打动员工的心。首先，这是前提。

第二：领导者要向全体员工阐述工作的意义

当然，仅做这些还不够。在京瓷的创始期，我不仅在感情上打动员工的心，而且诉诸理性，努力用道理来说服员工，激发他们的积极性和主动性。

那就是讲述工作的意义。这对中小企业的员工而言，可以起到很大的激励作用。创业时期的京瓷就是这么做的。

现在的京瓷，是精密陶瓷行业首屈一指的企业，被称为拥有尖端技术的高科技企业。确实如此。但在精密陶瓷的制造现场，却与高科技的形象有落差。特别是在京瓷创业初期，连厂房都是借来的老旧木房，根本感觉不到高新技术企业的氛围。

精密陶瓷所用原料是极细颗粒的金属氧化物。原料的调配工序，用冲压机压制的成型工序，还有将烧结后的产品加工到符合尺寸精度的研磨工序，工作现场全是粉尘飞扬。

还有，在成型产品的烧制工序中，温度高达 1 000 度左右。当温度超过 1 700 度时，火焰不是红色，而是一片白光，如果不戴作业专用的眼镜，连炉内也无法窥视。因为温度太高，在夏季，劳动环境异常恶劣。

就是说，虽然是制造精密陶瓷，但实际上是非常枯燥、非常辛苦的劳作。所以招进的员工一上岗，马上就是满身粉尘、汗流浃背。员工们一点也感觉不到这是高科技的活儿，体会不到工作的意义。

我最初工作的企业松风工业是一家制造绝缘瓷瓶的公司，当时进厂的一批人，后来同我一起创建了京瓷。当时我就觉得一定要想办法提高他们对工作的热情，提升并维持他们对工作的主动性、积极性。

为此，我采用的办法就是向他们讲述工作的意义。在晚间工作结束之后，我经常把他们召集在一起，讲下面一番话："大家日复一日，或揉粉、或成型、或烧制、或研磨，或许大家觉得这是又单调又无趣的工作，但绝非如此。"

"现在大家手头的研究，具有学术上的价值。无论是东京大学的教授、京都大学的教授，还是从事无机化学研究的专家们，至今没有一个人在着手进行这种氧化物烧结的实用性研究。我们现在是在研究最尖端的技术，我们的工作意义重大。"

"还有，我们现在所做的课题，全世界也只有一两家公司在做，堪称全世界最先进的研究开发。这种研发一旦成功，我们的产品将被广泛使用，将对人们的生活做出巨大的贡献。而这个社会意义重大的研发工作成功还是失败，完全取决于你们，取决于你们每天的工作。拜托你们了！"

这样内容的话，我每天晚上都会对员工们讲。如果只是简单地下指示："在乳钵中将这些粉末和那些粉末研磨混合。"那么员工们产生不了任何工作热情。所以，我总是谆谆地告诉他们"混合粉末"这一行为中蕴含了多么重要的意义。

当时还是 20 世纪 50 年代中期，第二次世界大战刚过去 10 年。又逢严重的经济萧条，日本还很穷困，找工作也很困难，年轻人高中毕业后，好歹进了一家公司，只要每个月能领到薪水就满足了。当时几乎所有的人都这么想。

但是，当他们发现了自己的工作中包含的意义，他们就会热情高涨，最大限度地发挥出自身的潜力。我就是这么想的，所以在工作结束后，每天晚上我都把他们聚集起来，不厌其烦地向他们诉说工作的意义。

第三：领导者要向全体员工揭示企业的愿景目标

向全体员工阐述工作的意义，加上我开始时讲的，乐于付出自我牺牲，这两条发挥了很大的作用，员工们因此爱戴我这个经营者。在这个基础之上，为了进一步提高员工的积极性，鼓足他们的干劲，我采取的措施就是揭示企业的愿景目标，也就是"vision"。

从京瓷还是中小企业的阶段开始，我就一直向员工们诉说自己的梦想。

"我们生产的特殊陶瓷，对于全世界电子产业的发展必不可缺，让我们向全世界供货吧！"

我接着向他们说："如果能做到这一点，那么，虽然起步时，我们是一个毫不起眼的街道工厂，但我想把它变为街道第一，就是原町第一的公司；成为街道第一后，就要成为中京区第一；成为中京区第一后，就要成为京都第一；成为京都第一后，就要成为日本第一；成为日本第一后，就要成为世界第一。"

京瓷在京都市中京区西面的京原町创立，所以先说"原町第一"。虽然那时的京瓷还只是借他人厂房的一角，员工只有几十人，年销售额不足1亿日元的小企业。但从那时起，我就不断向员工们鼓吹"要立志成为日本第一、世界第一的企业"。

但是，实际上，从最近的市营电车站到公司这一段短短的距离中，就有一家大型企业——京都机械工具公司。从早到晚，"当当……"的冲压机器声响个不停，一派生气蓬勃的景象。这家工厂生产维修汽车用的扳手、钳子等车载工具。而我们借人家的木结构仓库，跌跌撞撞，刚刚投产，不过是一个才起步的小企业。

因此，嘴上说要成为街道第一，但员工听的时候脸上的表情是："要做到比上班路上的那家大型企业还要大，怎么可能呢?"就连说豪言壮语的我自己，当初脱口而出说这话的时候，也没相信真的能做到。

更不用说"中京区第一"。中京区有一家上市企业岛津制作所，后来这家企业还有人得了诺贝尔奖。这家企业是全世界分析仪器制造商中非常出名的公司。要成为中京区第一，就必须超越岛津制作所。这简直是根本不可能的事!

尽管如此，我依然不知疲倦地、不厌其烦地向员工诉说梦想："要成为中京区第一、京都第一、日本第一、世界第一。"

于是，起初半信半疑的员工们不知从何时起就相信了我诉说的梦想，并且为实现这一梦想齐心合力、努力奋斗，而我自己也逐渐将这一梦想变成了确实的目标。

其结果，京瓷在精密陶瓷领域超越了原本领先的巨型企业，成长为世界第一的公司。同时，展开了多项事业，成长为年销售额超过 1 万亿日元的企业。

聚集在企业里的人们，是不是具备共同的梦想、共同的愿望，企业成长的能力将大相径庭。企业的全体员工共同拥有美好的愿景、远大的目标，大家都具备"非如此不可"的强烈愿望，那么，强大的意志力量就能发挥出来，组织就会产生巨大的能量，朝着梦想实现的方向前进，超越一切障碍。

实现梦想、实现愿望的力量的源泉就是"愿景和目标"。"要把公司做成这种理想的模样"，描绘这样的愿景，与员工共同拥有这样的愿景，把他们的积极性最大限度地调动起来，就能成为推动企业发展的巨大力量。

> 实现梦想、实现愿望的力量的源泉就是"愿景和目标"。"要把公司做成这种理想的模样"，描绘这样的愿景，与员工共同拥有这样的愿景，把他们的积极性最大限度地调动起来，就能成为推动企业发展的巨大力量。

第四：明确公司的使命，并与全体员工共有

再进一步，为了维持员工的热情，保持他们的积极性，让他们不动摇、不松劲，就需要"mission"，换句

话说，就是明确公司的使命，并与全体员工共同拥有这一使命。

让我理解这个"mission"，也就是明白京瓷公司使命的契机，就是公司设立后第三年发生的员工反叛事件，当时京瓷还是一个很小的企业。

公司创立第二年录用的10余名员工，经过一年的工作磨炼，已经成了生力军。我查了当时的笔记，时间是创业后第三年的1961年4月29日，正好是昭和天皇的生日，属于节假日。但那天也许是节假日出勤吧，突然，这10余名员工来到了我的面前。

"奖金至少要多少、工资涨幅每年至少要多少，你要给我们承诺。进厂时，原以为是一家不错的公司，谁知道是个刚刚成立的、弱不禁风的小企业。我们心里非常不安。你作为经营者，要给我们一个保证，否则我们就集体辞职，我们已经做好了准备。"他们这样逼迫我。

我对他们说："保证工资和奖金的涨幅，做这样的承诺是不可能的。"我解释了当时公司的处境、现实的状况，但无法说服他们。谈了三天三夜，我还把他们带到了自己家里。最后我说："虽然对将来的事情无法做出保证，但我一定会把企业办成让你们高兴的好公司，请你们相信我。"这样总算把事态平息了。

其实，京瓷创业之初，我把创业目的定位在"让稻盛和夫的技术问世"。

而一部分员工却不认同，"工资怎么升？奖金怎么加？"他们来要求待遇上的保障。这让我愕然。

当时，我鹿儿岛的老家仍然十分贫困。我是家里七兄妹中的老二，父母兄弟节衣缩食，好不容易才让我上了大学。所以，我参加工作以后，想着多少都要给家里一点经济上的支持。实际上，虽然少得可怜，我还是每个月都给家里寄钱。

对家里的亲人尚且照顾不及，但那些与我无亲无故的旁人，却向我提出要保障他们现在乃至将来的生活。这让我非常困惑。

　　"早知如此，就不该创业，当个工薪族，进一家公司，把自己的技术发扬光大，那不是更好吗？"说实话，我当时真这么想。

　　然而，再三思考以后，我终于想明白了：让员工生活幸福，这才是企业存在的目的。于是，从"追求全体员工物质和精神两方面的幸福"开始，我一鼓作气，定下了京瓷公司的经营理念。

　　毅然抛弃自己作为技术人员的理想，当时只有60名员工，我决定把"追求全体员工物质和精神两方面的幸福"作为企业经营的目的。同时，作为社会的公器，企业还应该承担社会责任，所以，我又加上"为人类社会的进步发展做出贡献"这一条。这样就制定了京瓷的经营理念。

　　确立了这一经营理念，我就向全体员工宣布："京瓷公司今后就把这个理念中倡导的宗旨作为经营的目的。"

　　这一经营理念的确定，对于激发员工的热情、调动员工的积极性，发挥了巨大的作用。

如果把京瓷作为稻盛和夫技术问世的场所，我自己当然会意气风发、全力以赴地投入研究，接连不断地开发出新的产品。但从员工的角度看，他们一定会想："让我们拼命工作，目的不过是推广稻盛和夫的技术，让稻盛和夫名扬天下。"

还有，即使公司发展顺利，员工们又会想，那不过是增加了稻盛和夫的个人资产。因此，如果企业经营的目的，仅仅归结到实现某个人的私利私欲，那么，点燃员工的热情、调动员工的积极性是不可能的。

当初，在制定这一经营理念的时候，我还没有意识到这个理念中蕴含的"大义名分"。但现在回头来看，在这个朴素的理念中包含着了不起的"大义"。

所谓"大义"，在词典中的定义是"人应该奉行的重大的道义"。如果是这样，"大义"就必须是脱离"私"、追求"公"的行为。而"实现全体员工物质和精神两方面的幸福"这样的企业目的，就超越了经营者个人的私利私欲，为了员工，这就体现了"公"，这正是

"大义"之所在。"大义"这个东西具有鼓动人心的巨大的力量。

虽然不是"实现世界和平"那么宏大的目的，但是，要让汇集到企业来的员工都获得幸福，这样的企业目的，就能让全体员工从内心产生共鸣，就可能为大家所共有。另外，因为这个目的让人问心无愧、毫无歉疚，所以，作为经营者，我可以堂堂正正、毫不踌躇，全力投入经营。

这一理念构筑了京瓷企业文化的基础，造就了今日的京瓷。具备全体员工能够共有的、可以提升员工士气、调动员工积极性的、光明正大的企业目的，这是企业统治中最重要的事情。

第二电电（现名 KDDI）的创业成功，道理也一样。

当时，年销售额不足 2 000 亿日元的京瓷向年销售额超过 4 万亿日元的巨型企业日本电电公社（现在的 NTT）发起了挑战。第二电电成长发展为今天的 KDDI，正是因为它的创业动机是建立在大义的基础之上。

　　当通信事业允许市场自由竞争时，我希望有日本的大企业组建新公司来对抗电电公社，通过竞争降低通信费用。但因为畏惧庞然大物 NTT，谁也不敢出面挑战。

　　这样下去，NTT 将继续维持它的垄断地位，或者只会出现形式上的竞争企业。那么，当信息化社会到来的时候，因为通信费居高不下，日本必将落后于时代。对此我十分担忧。

　　在这种情况下，风险企业京瓷毅然举手，挺身而出，挑战 NTT。创建第二电电，归根结底乃是出于"为国民降低通信费"这一纯粹的动机，就是说，出于大义名分才创立了第二电电这个企业。

　　因此，我召集第二电电的员工，鼓励他们："让我们努力降低国民的通信费用。能够参与如此巨大的事业，我们的人生一定会变得更有意义。这是百年不遇的机会，在这项宏大的社会改革开始的瞬间，我们有幸亲临现场，我们应该表示感谢。让我们努力奋斗，成就这项伟大的事业吧！"

另一方面，在京瓷之后举手参与的国铁公司认为："自己拥有铁路通信的技术，有通信方面的技术人员。同时，在东京、名古屋、大阪之间铺设通信干线，只要在属于自己公司管理之下的新干线的侧沟中安放光缆就行。另外，与国铁有交易的企业很多，以它们为中心，很容易获得大批的顾客。与以京瓷为主体的第二电电相比，在所有的方面国铁公司都具备优势。"于是他们设立了日本电信公司。

还有，以日本道路公团以及丰田汽车为主体的日本高速通信公司也应运而生。旧建设厅是它们的后盾，它们也可以沿着东京、名古屋、大阪之间的高速公路铺设光缆，简单地完成基础设施，还可以利用丰田公司具备的强大的销售能力。

也就是说，除了第二电电之外的这两家公司，它们开展通信事业，并不是出于大义名分，而是基于利害得失。

这三家公司在市场上展开了激烈的竞争。结果，国铁卖掉了日本电信公司，而道路公团和丰田创建的日本高速通信，被现在的 KDDI 合并收购了。

如今，在日本电信私营化中新成立的三家公司中，只剩下了从第二电电发展而来的 KDDI，它已经成长为仅次于 NTT 的综合电子通信运营商。有技术、有资金、有信用、有销售能力，一切条件全都齐备的企业失败了；而只具备大义名分，没有资金、没有技术，什么都没有的第二电电却成功了。

我认为，这证明了一条道理：确立具备大义名分的企业目的，对于推进事业而言有多么重要。

再举一个例子。京瓷长期以来从事的太阳能事业也是一样。现在，全世界太阳能市场迅速扩展，大规模太阳能发电站计划争先恐后地涌现出来。各国的生产商纷纷进军光伏事业，市场竞争空前激烈。

但是，在 30 多年以前，京瓷作为全世界太阳能事业的先驱，就已经开始开发和批量生产太阳能电池。当时，在日本有一个普及太阳能发电的团体，叫"太阳光发电协会"。我出任第一代会长，这个职务当了 12 年，为黎明时期太阳能电池的普及和启蒙付出了努力。

近年来，各国开始建立补贴制度，太阳能发电事业终于开始步入轨道，许多企业一拥而入。而京瓷却是从很久以前就开始了艰难地尝试，历尽辛酸，创立了太阳能事业，站在行业的前列，开拓前进。

在日本太阳光发电协会成立 20 周年的纪念庆典上，作为在日本推进太阳能事业的先驱，我应邀发表演讲。在数百名行业同仁、专家学者面前，我围绕以下的宗旨说道："现在，随着时代潮流的变迁，太阳能发电事业获得了长足的发展，这是可喜的事情。但如果只靠赶潮流来开展事业，不可能持久。为什么要开展太阳能发电事业？具备大义名分是非常重要的。"

我讲了这番话。所谓太阳能发电事业的大义名分，就是要为解决能源问题和地球环境问题做出贡献。

　　在不久的将来，地球上的石油和天然气资源将会枯竭。同时，不削减石化燃料的使用量，不降低温室气体的排放量，就无法阻止地球暖化的趋势。

　　就是说，为了确保人类所必需的能源，保护重要的地球环境，谋求人类的可持续发展，我们京瓷才历时多年、悉心培育太阳能发电事业。正因为有这样的大义名分，我们才能在连年赤字的状况下，始终不离不弃，以执着的信念和坚强的意志不断推进这一事业。直到近年，才终于迎来了太阳能事业的春天。

　　在京瓷的干部汇聚一堂的会场上，我曾经讲过："京瓷所有的部门都应该揭示自己部门的大义名分。"

　　我对他们说，京瓷这个企业，有大义名分，有"追求全体员工物质和精神两方面的幸福"的经营理念。同样，各位干部，你们在各自负责的事业部门也应该树立大义名分。这样的话，你们的部下就会觉得"为了实现如此崇高的目的，为了这项事业的发展，哪怕粉身碎骨，我们也在所不辞"。他们就会发挥自己的积极性和创造性，主动把事情办好。

另外，在广州的报告会上我说过，在京瓷每个月召开的业绩报告会上，根据阿米巴经营，要算出每个人每小时产生的附加价值。在会上，看着"单位时间核算表"，我有时会进行严厉的批评："本月的单位时间附加值不好啊！你们到底怎么工作的？"

但是，我并不是仅仅追究核算数字不好的责任，而是告诫他们："这个事业具有大义名分，所以投了资，要想为社会做贡献。但这么差的业绩，不可能让事业发展，也不可能对社会做出贡献。要彻底查明亏损的原因，尽快想办法扭亏为盈。就是说，必须实现事业的目的。"

如果公司领导者只会怒斥事业部长"单位时间附加价值太低，核算数字太糟糕"，事业部长鹦鹉学舌，再去指责自己部门的员工，那么，任何人都不会从内心产生必须提升业绩的想法，结果业绩也就无从改善。

但我可以这么说："我严厉批评你，目的不是为了追求利润。但为了实现这项事业的大义名分，利润是必要的，必须促进这项事业的成长发展。正因为如此，我才不能容忍业绩低下，我才会进行严厉的批评。"这么一讲，员工的心态、员工的积极性就会完全不同。

京瓷的事业部长和各个阿米巴长都相当于中小企业的经营者。我在年轻时，也就是京瓷在中小企业阶段时，就思考了企业目的，思考了大义名分。希望你们同我一样，也要树立崇高的大义名分，敢于宣告："这项事业很有意义，我愿意毕生为之奋斗。"在这样的大义名分之下，员工也会从心底产生共鸣，主动请战："这么有意义的事业，务必让我也来分担。"我们一定要营造这样的组织氛围。

京瓷的销售额超过了1万亿日元，事业实现了多元化，今后，为了防止组织僵化，防止墨守成规，为了企业的持续发展，各个事业部门必须充满活力。为此，每一项事业都有必要揭示大义名分。我在京瓷内部这样强调。

　　今天在座的各位也是一样。在座的中国企业家朋友，我想，你们大部分都是自己创业，在第一代就取得了飞跃性的发展。今后，为了企业的持续发展，你们必须明确事业的目的和意义。这个目的不能是满足经营者个人一己私利的目的，而是要揭示让任何人都产生共鸣的、具备大义名分的目的和意义。这样才能鼓舞员工，也鼓舞经营者自己。

　　如果事业目的是为私的，是为经营者个人的，那么，经营者自己的内心就会羞愧不安。如果把自己的事情抛在一边，目的是为公的话，经营者的内心就会充满力量、充满自信。

　　这就是大义名分的力量。如果能够摆脱私心，为对方、为周围的人着想，那么，就像"真、善、美"这三个词汇所表示的，在人灵魂深处的美丽的心性就会显现，力量就会自然地涌出。而且，这种美丽的心性，同这个宇宙间流淌着的、促使一切生物成长发展的潮流合拍，所以结果也必将顺利而圆满。

第五：领导者要向员工讲述哲学，通过学习提高心性、共有哲学

要将这个"美丽的心灵"发挥出来，并不是什么难事。这是每个人本来就具备的，只要实践孩童时代父母和学校老师教导的朴实的伦理观就行了，如此而已。这就是把"作为人，何谓正确"作为判断基准的实践性的哲学，我称之为"PHILOSOPHER"，我在京瓷不断地讲述这个哲学。

要将这个"美丽的心灵"发挥出来，并不是什么难事。这是每个人本来就具备的，只要实践孩童时代父母和学校老师教导的朴实的伦理观就行了，如此而已。

经营者自己要学习哲学，通过学习提升心性。同时不仅自己要提升，而且要给员工们讲述哲学，要做出努力，让哲学为公司内的员工所共有。

为了实现崇高的企业目的，我准备以这样的思维方式、以这样的哲学来经营企业。必须在公司内讲这样的话，哲学必须与员工共有。

　　就是说，为了能与员工心心相通，在确立了企业的"愿景""使命"之后，接下来各位经营者需要做的，就是讲述自己的哲学，与员工们共有这种哲学。

　　人为什么而活、为什么而工作，我对人生是这么思考的，我打算这样度过自己的人生，我希望与大家一起以这样的态度来度过人生。经营者的这种思想、人生哲学，在讲述企业的目的、使命的时候，自然而然地会流露出来，也必须流露出来。

　　为了有资格讲述这种普遍性的哲学，经营者自己一定要不懈努力去提高自己的心性。在企业刚创建的时候，经营者的心性不高、器量不大，这没关系。但经营者不进步，企业就不能发展。经营者必须努力学习正确的哲学，拓展自己的器量。在跨越了"创业"这座高山后的经营者，为了"守业"，为了让企业进一步成长发展，必不可缺的就是，经营者自己一定要掌握这种高迈的哲学。

　　教会我们懂得这一点的，就是中国的悠久历史。在中国历史的典籍中充满着先人的睿智。特别是"草创易，守成难"这一句著名的格言，告诉我们维持组织的繁荣有多么困难。这句话出自记录唐太宗和他的侍臣对话的《贞观政要》这本书。

唐太宗，正如大家所知，他是中国历史上屈指可数的明君，他在距今约1 400年前，创造了名为"贞观之治"的太平盛世。我认为，这个盛世的背景，就在于唐太宗自身的治国态度，那就是不断提升自己作为领导者的人格。

唐太宗在《贞观政要》中说道："为君之道，必须先存百姓。"就是说："站在统治国民立场上的国家领导者，最首要的，是对国民大众必须持慈悲之心，必须珍惜和爱护国民。"唐太宗讲的是为政者之道。

这与我前面所讲的"大义名分"是相通的。唐太宗自己表述了政治的目的、意义就在于谋求"国民的幸福"。

同时，为了实现这个崇高的目的，关键莫过于为政者自身必须持有高迈的哲学。唐太宗告诫侍臣："卿等

稻盛和夫

特须灭私徇公，坚守直道。"就是说："希望你们这些高级官员一定要去除私心、抑制利己之心，为社会尽力，务必贯彻正确的为人之道。"

在座的各位企业家，你们在揭示崇高的经营目的、使命的同时，在亲身实践为达到这种目的、使命所需要的哲学、思维方式的同时，你们一定要做出努力，与员工们共同拥有这种目的、使命和哲学。这时候最重要的是：要让员工们看到，作为经营者你自己真心实践这种高迈的哲学、思维方式的坚定意志和决心。

不管你宣讲多么高迈的哲学、思维方式，如果经营者本人不实践，缺乏实践的意志，自己的言行与这种哲学、思维方式背道而驰的话，那么，任何一名员工都不会真心听取经营者的说教，更不会发自内心地想要去付诸实践。

对于高迈的哲学和正确的为人之道，人们往往以为只要学一次就足够了，他们不想反复去学。但是，正如运动员如果不天天锻炼，就不能保持强健的身体一

116

样，人的心灵、人格，如果不是经常性地努力去提升，很快就会回到原来的低水平上。

相反，如果经营者不断严格要求自己，规范自己的言行，率先垂范，努力实践哲学，每天反省，持续提升人格。那么，看到经营者这种认真的态度，员工们也就会自觉地去实践哲学。

"既然社长有这么好的思想，我们员工也要响应，我们尊敬社长，我们要和他一起为公司的发展努力奋斗！"经营者必须要让员工产生这样的想法。

像这样，员工的思想意识变了，与经营者一条心了，大家一起付出不亚于任何人的努力，那么，企业就一定能顺利发展。这正是企业经营的要诀。

第六：小结

今天，我以"企业统治的要诀"为题，讲了上面这些话。

稻盛和夫

要让企业发展壮大，首先，作为经营者，要让员工爱戴你，甚至迷恋你；同时，要给员工讲述工作的意义；然后，要树立高目标，就是揭示企业的愿景；要确立企业的使命；还要不断地向员工诉说企业的哲学；要努力提升你们自己的心性。只有彻底贯彻这几条原则，企业才能不断成长。

我认为，所谓企业经营，首先就是要彻底地贯彻实行上述几条，让员工产生共鸣，让员工赞同，激发他们的热情，提升他们的积极性。除此之外，别无他法。

我认为，所谓企业经营，首先就是要彻底地贯彻实行上述几条，让员工产生共鸣，让员工赞同，激发他们的热情，提升他们的积极性。除此之外，别无他法。

企业要持续成长发展，其"统治要诀"就是要在这方面做到极致。当然，因为要经营企业，构筑销售和物流的体制，构建管理会计和财务系统等，完善具体的经营手法、手段，不用说都是必要的。但所有这一切，要付诸实施，都必须得到员工由衷地协助和配合才能做到。

因为你是经营者，所以你可以发命令，可以靠权力让部下服从。但是，如果员工不是心悦诚服，工作敷衍塞责，那么，所有的努力结果都将化为泡影。相反，如果员工信任、尊敬经营者，把公司当作自己的公司，尽心尽力，那么，即使你不下指示，他们也会自觉行动，把工作做好。

我参与的日本航空公司的重建也是这样。日本航空公司破产后留下了3.2万名员工，我认为，必须把他们的心凝聚起来，用相同的思维方式，统一他们对工作的态度。所以，首先我对他们进行了彻底的哲学教育，促进了他们思想意识的改变。仅靠这一条，就不但让日航的业绩得到了V字形的回复，而且让日航变成了全世界航空业中收益最高的企业。

日航重建成功，无非是日航员工的思想意识发生变化，积极性、主动性提高的结果。致力于意识改革和哲学共有，员工提高了自身的积极性，主动思考问题，主动参与经营，这就是日本航空公司重建成功的最大原因。

就是这样，无论是小企业要成长为大企业，还是已经成长壮大的企业要维持繁荣并继续发展，或是业绩低迷的大企业要谋求重生，无论在哪种情况下，激发和提高员工的积极性、主动性这一条，都是共同的、最基本的企业统治的要诀。

希望大家能够理解我今天讲的话，把你们公司员工的积极性、主动性调动起来，缔造历史长久的、充满生机的、持续成长的企业。我相信，只要做到这一点，历史悠久的成都乃至持续成长的中国的发展必将稳如磐石。请允许我在祈愿声中，结束我今天的演讲。

谢谢大家！

第五章

经营哲学践行体悟

稻盛和夫的经营哲学需要企业领导者在经营实践中不断体悟修炼，持续改善，汇集每个员工的力量，造福整个社会，与员工一起怀着感恩的心，把稻盛经营哲学传递下去，拨亮每个人心中的明灯。

稻盛和夫

汇集各人力量，实践造福利他

井上智博　盛和塾（香川）
井上诚耕园株式会社董事长

　　我出生在濑户内海的一个小岛——小豆岛上，是井上家三个孩子中最小的，现在担任农业生产法人井上诚耕园的第三代园主兼法人代表。

　　井上诚耕园是一个以种植农作物为主的法人组织，现种有 7 种橄榄和 14 种柑橘类作物。收获的作物既可以直接食用，也可以加工成橄榄、柑橘类化妆品或副食品。我们主要通过邮购，为全国各地的客户供货。

　　8 年前，我知道了稻盛塾长，那时我们的营业额才 2 亿日元。而现在，我们 2013 年度的营业额预计（注：5 月结算，尚不确定）将达到 38 亿日元，利润（不包括非经常利润，下同）将达到 5 亿日元。本期（注：2013 年 6 月～2014 年 5 月）的目标是营业额 42 亿日元，利润 6 亿日元。

　　出生在乡下小岛的我，现在也算能胜任经营者的工作了，这都是因为我遇到了稻盛塾长和盛和塾。读完稻盛塾长的《活法》，我深刻体会到了体恤他人、常怀利他之心并通过工作造福他人，即利他行为的重要性。这是我人生的一大转机。

井上诚耕园的发展历程与我步入经营的经历

井上家世代都是木匠。到了我祖父的时候，他开始一边做木工，一边渐渐干起农活，晚年则是专心务农。当时，我们住的村子一半都是朝南、日照良好的斜坡，祖父抱着"放着日照良好的地不种，地区就没法发展"的想法，联合村子里的人们一起开垦橡树林，致力于把村子变成集体从事农业的农作物产地。

1940 年，我们种了橘子树。1946 年，还是学生的父亲和叔父，第一次开始种橄榄树。1955 年，橄榄树长大了，开始结果，已是第二代园主的父亲开始了农业加工。种植橄榄树近 10 年后，我们终于制成了橄榄制品。为了把这些橄榄制品卖给小豆岛的游客，父亲又开始向岛上的土特产店推销自己的产品。

也是在那个时候，父亲给园子起了"井上诚耕园"这个名字。与慷慨的大自然打交道的父亲，在这个名字中倾注了自己"不忘感恩之心，诚恳耕种，创造一个出色的农园"的信念。据说那时正是小豆岛游客逐年增加之时，橄榄制品因为罕见，销量特别好。我们不断扩大橄榄田和柑橘田的规模，以为已经形成了有模有样的农业体系，谁知好景并不长。

发现了小豆岛橄榄市场的贸易商们，也开始通过进口廉价的橄榄，加入销售之战中。

一时间，小豆岛产的橄榄需求剧减，于是父亲便抱着"橄榄不行了，那就用柑橘决胜负"的想法，开始种植多品种的柑橘。谁知，我们又迎来了一个严峻的时刻。柑橘树终于长大了，到了丰收的时刻，不料全国各地大量种植柑橘，导致市场饱和，再加上大量的进口，日本市场上的柑橘价格开始大跌。

在这样困难的经营环境下，浑然不知父母辛苦的我，作为家里最小的孩子渐渐长大了。

高中毕业后，我因为向往都市生活，去了大阪的一个专科学校。后又经父亲介绍，进入了神户中央批发市场中一家很小的蔬菜水果批发公司工作。

我工作的第三个年头，发生了一件大事。

那年，全国柑橘大丰收，拍卖的柑橘全部以低价成交。和歌山、爱媛等有名产地的柑橘尚且如此，小豆岛这样小产地的产品，也不能幸免于难。

那时，我也感受到了巨大的打击，终于体会到了父母在老家的辛苦。

同时，我又产生了一个想法："今后，农民们应该自己制定价格，直接把产品卖给普通消费者。"

几年后的夏天，父亲的身体状况越来越差，秋天收获的作物基本卖不了多少钱。果园本就经营不善，又经历了这次重大打击，父亲心灰意冷，得了自律神经失调症。

老家发生了这样的大事，母亲和哥哥姐姐们都很担心，我也开始认真考虑要不要继承家业。当时的农业被称为最累、最脏、最有风险的活，再加上我又担心自己不擅经营，始终犹豫不决。然而，从小便很优秀的哥哥姐姐们已经有了别的工作和各自的家庭。最后，我决定由自己来继承家里的农园，回到岛上开始务农。

当时的年营业额是柑橘 500 万日元，橄榄制品 500 万日元，总计 1 000 万日元左右。

我一面暗暗发誓要好好奋斗，一面想起了在中央批发市场时感受到的懊悔。继承家业后，我开始思考如何自己销售收获的作物。

然而，自产自销太难了。卖到岛上土特产店的话，价格会压得很低。我也试过用小型拖拉机装着柑橘，坐船到姬路市展开推销。虽然能卖出一些，却不可能卖完园里收获的 80 吨柑橘。

这时，一件意外的事情给了我直销的机会。

那年 12 月左右，农园一到傍晚就会接到很多电话，都是来订柑橘的。听母亲说，那正是我刚到大阪的时候。

一说到四国，大家都会想到日本有名的 88 处寺院巡礼之旅。其实，小豆岛也有一条寺院巡礼之路，岛上遍布着供巡礼的人住宿的民宿。

有一年，我老家边上巡礼民宿的浴池坏了，客人便来借用我家的浴池。父亲本来就喜欢跟人说话，等客人泡完澡了，就一边听他们谈旅途中的见闻，一边送上自家种的柑橘。结束巡礼的客人为了感谢父亲，便打电话来订柑橘，让我们直接寄送到家里。渐渐地，我们每年都会接到这样的电话，接着，客人的邻居们也开始向我们订柑橘。我的父母和这些顾客们真诚地来往，慢慢地顾客就多了。

我整理了一份这些顾客的名单，给名单上的 280 位顾客寄去了我们的柑橘价目表和一封信，没想到，竟然收到了 300 份订单，超过了名单上的数目。有些顾客要把柑橘当作年终礼物送给家人或亲戚，结果收礼的人也开始向我们订柑橘。就这样，顾客越来越多。

稻盛和夫

那时的我甚至还不知道"邮购"这个词。几年内，园里产的柑橘全部是由我们自己定价，并写信直接向客人介绍。我们通过这些方法进行直接销售。

接着，为了给通过柑橘结识的顾客们带去更多的快乐，我们在介绍柑橘的同时又介绍了橄榄制品。渐渐地，橄榄制品的订单也多了，销量也增长了。1997年6月，我们取得了企业法人资格。父亲说："社长一开始还是你来当吧。"于是，站在农业生产法人井上诚耕园的新起点上，我们又再次出发了。

不忘初衷，珍惜经营诚耕园的意义

当时的年营业额是 8 000 万日元左右。

不久，从城市里突然来了一些想从事农业、想种橄榄的人，陆陆续续来拜访我或是咨询我。其中有位女性下定决心要搬到小豆岛，亲手开垦田地。她说"想过与亲手种的橄榄树相伴的生活"。听完她的梦想，我不由得说："那你就先搬到小豆岛，在我们家园子里干吧。"

虽然我的父母强烈反对，但她本人的愿望十分强烈，我最终接受了她。没多久，又来了一位男性，我也雇用了他。此后，随着园子规模的扩大，这样的年轻人越来越多。我刚接手时，园里只有家里三个人和一位兼职的阿姨。现在，我们已经拥有 20 名员工和兼职人员，年营业额达到 2 亿日元的规模。

来自岛内外的个性相异的人聚在一起工作，渐渐生出了一些不满，出现了不同的意见和想法。

"我想更自由地工作，想要属于自己的时间""我想涨工资""公司未来到底会怎样""我们的工作有什么意义"等。我发现，每个人关于人生和工作的想法是不一样的。

大家虽然都是为了在农业工作中寻找价值才来的，但是从喧嚣的城市来到农村，以为能跟随四季变化的脚步悠闲地工作，却不想现实的工作既辛苦又枯燥乏味，只能过着听不到别人的赞扬也得不到人们感谢的日子。再加上公司的发展方针和目的又不明确，员工们每天只能做着眼前的工作，找不到工作的意义，渐渐开始害怕会丢失自己的梦想，结果便开始焦虑，甚至有人跟我吵了一架后辞职了。肩负着家业和对员工的责任的我，一心想着要好好地给员工们发工资，带着"多说无益，努力干活"的想法，不知不觉中变成了强迫员工工作的人。

尤其是想到岛外来的那些员工的心情，大家都是特意来到这个乡下小岛，有志于从事农业工作的人，因此我能理解他们想在农业工作中寻找各自的人生价值和工作意义的心情。但作为社长，我却不知道该做些什么，不知道怎样才能把自己的想法整理好传达给大家。

跟别人商量也总是没有任何启发，于是我越来越发愁，甚至晚上都无法入睡。

正当闷闷不乐时，我偶然进了一家书店，发现了稻盛塾长写的《活法》一书，读后有如醍醐灌顶。

书中记载了在京瓷公司成立之初，稻盛塾长对公司经营一窍不通，每天烦恼着怎样才能凝聚人心、怎样才能做到经营有方的事。还写了人活着的意义、工作的意义就是打磨自己的灵魂，以及从善意出发思考问题的重要性，做一个为他人着想的单纯善良的人，常怀利他之心、做利他之事的重要性。那是我第一次知道"利他行为"这个词以及它的意义。

我做的第一个"利他行为"是一件很小的事，也就是帮助一位女性实现她种植橄榄的梦想。公司的营业额上去了，员工也多了。这样一来，我忘记了当初想要利他的心情，觉得是自己保障了员工的生活，觉得自己很伟大，想一个人收获更多的金钱和名誉。我意识到自己的利己之心膨胀了。

同时，《活法》这本书使我回忆起了记忆深处的那些事情，对它们有了更深的理解。

那就是祖父为了实现地区繁荣，放弃家传的木工活从事农业的事，以及父亲继承祖父的志愿，守护着这个橄榄和柑橘产地的事。我渐渐重新理解了祖父和父亲的心愿。

这样一来，我自然而然地领悟到：要珍惜经营诚耕园的意义、不忘初衷。

我体会到，要不忘对人和自然的敬畏之心，不忘感恩之心，要怀着通过工作和自己的活法为社会和他人谋福利之心，多行善事。

第二天早上，我这样呼吁我的员工们："你们的社长是个普通人，你们也都是普通人。但是，只要我们团结一心，发挥各自的特长和技能，互帮互助、同心同力，就一定能做出不平凡的事。我们公司的创业理念是'通过农业实现地区繁荣'。我们要齐心协力，给这个小岛日渐衰退的农业注入活力。让我们生产出受更多人喜爱的作物和产品，通过这样出色的工作造福社会和他人，使我们的地区繁荣发展吧。这就是造福他人的利他行为，也是通过农业实践的利他行为。这一定同守护大家的梦想、价值和彼此的生活紧紧相连。"

起初，员工们觉得我像是突然变了一个人似的，不知所谓。但当我一遍又一遍地重复时，大家似乎都感染了我的热情，有人开始一早来到园里巡视农田，有人跟我说要认真学习种植橄榄和柑橘，公司的气氛慢慢地发生了变化。

学习并践行稻盛经营哲学的经营

从那以后，我自己也开始更深入地学习稻盛塾长的思想，觉得自己今后也必须实践通过工作造福他人的利他行为，努力学习成为一个出色的经营者。为此，我在一位常有来往的会计师事务所老师的介绍下，进入了盛和塾。

每天晚上，我都如饥似渴、一字不落地听着稻盛塾长的讲话录音。同时阅读杂志《盛和塾》，从塾长和各位

> 每天晚上，我都如饥似渴、一字不落地听着稻盛塾长的讲话录音。同时阅读杂志《盛和塾》，从塾长和各位前辈塾生的宝贵经验中，我从零开始不断学习作为经营者的觉悟、经营十二条、京瓷哲学、阿米巴经营模式等。

前辈塾生的宝贵经验中，我从零开始不断学习作为经营者的觉悟、经营十二条、京瓷哲学、阿米巴经营模式等。我还激励自己制定企业方针和理念，以不亚于任何人的努力守护员工的生活，使我们的社会和地区越来越好。

每天工作结束的时候，我都要翻一遍"京瓷哲学"的目录，将当天发生的事情跟京瓷哲学里的条目进行对照，反省自身。从那以来，发生了很多感恩的事情。请允许我举几个例子。

有几种产品给我们公司的营业额带来了飞跃式的增长，其中一种是"精华橄榄油"（见图 5-1）。这个产品开发完，制定价格的时候，我想到了京瓷哲学里的一句话："定价即经营。"

塾长曾说，努力做出的产品绝不能草率定价，必须慎重考虑社会形势、商品价格、市场需求等情况，找到一个对顾客、对公司都有利的最优点。因此我做了充分的调查，最后设定了一个远远高于最初设想的价格。

井上氏1

图 5-1　精华橄榄油

尽管有员工说我太莽撞，但我想到了产品能带给顾客的价值，便怀着一个橄榄种植户对未来的梦想，一边祈祷、一边开始了精华橄榄油的销售。

这个产品十分幸运地受到了顾客们的喜爱，给公司带来了良好的客源，同时，又保证了收益，以及下一个产品的开发资金。我们投入优质的原材料，陆续开发出高质量的新产品，还挤出了一点广告费。更可喜的是，所有员工都得到了加薪。这都是因为我们信奉并实践了"定价即经营"这句话。

另外一个热销的产品是"伊予柑橄榄油"（见图5-2）。这是一种叫作伊予柑的柑橘和橄榄混合制成的产品。除了增加收益以外，开发的另一个动机是出于想帮助其他柑橘种植户的"利他"的想法。

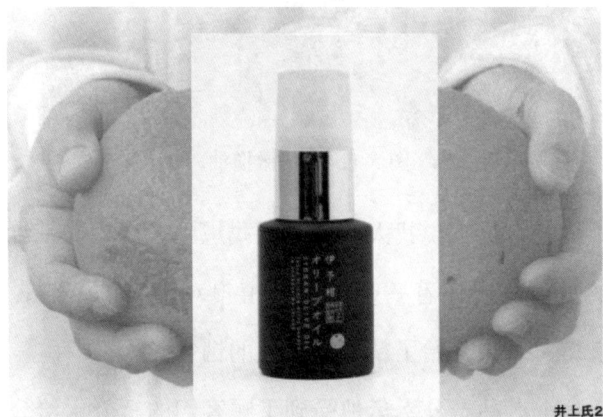

图 5-2　伊予柑橄榄油

柑橘市场形势依然严峻，农户们的经营依然困难。由于市场需求小，辛辛苦苦培育大的伊予柑树面临着被砍伐的结果。看到这样的情况，我开始想："我能做点什么呢。"于是，我请国家的机构协助研究，最后有效地利用废弃的伊予柑果实，成功开发出了产品。

现在，我们已经利用伊予柑开发出了多种产品，大大地提高了营业额。"从善意出发，必将走向成功"，我深刻体会到了这句话的含义。

近来，我意识到，受小豆岛地形所限，以及只在国内扩大农田规模所承受的自然灾害风险的影响，还有农作物不能马上增产的特性使然，如果不采取措施的话，将很难稳定地给顾客们提供橄榄。因此，抱着与国外的橄榄种植户合作，提高公司开发的橄榄油产量的想法，我毅然去了小豆岛橄榄的原产地——西班牙。

稻盛塾长年轻时，曾在语言不通的情况下远渡美国，开拓销路，设立工厂，尝尽了辛酸。这些故事激励我带着不安来到西班牙，寻找同我们有共同抱负的橄榄种植户。一开始，我被他们庞大的规模吓住了，有点退缩。但我想起了"哲学是世界通用的"这句话，以及稻盛塾长说的"傲视一切"和"身为日本人的骄傲"。我努力向西班牙的橄榄种植户传达自己想要发展橄榄制品的心愿，从"利他之心""让对方获利"的角度出发，几乎接受了对方提出的所有条件，尤其是价格方面。因此，谈判得以顺利进行。

现在，我们在西班牙也种植了橄榄树，并加工受日本人喜爱的优质橄榄油（见图 5-3），向日本的顾客们介绍我们的产品，日益受到了顾客的好评。

图 5-3　橄榄油产品

同时，随着这几项新事业的发展，我们的营业额达到了 38 亿日元，公司的员工及兼职人数达到了 126 人。各产品占营业额的比重分别为柑橘类制品约 5%，橄榄加工制品约 95%。食品和化妆品等各类产品的 99% 都是通过邮购直接销售给顾客的。

一直以来，我向员工们强调要重视公司方针和工作方法时，总会把京瓷哲学作为说话的模本。

一直以来，我向员工们强调要重视公司方针和工作方法时，总会把京瓷哲学作为说话的模本。

两年前开始，我每周都会和公司里的干部一起举办实践性京瓷哲学学习会。现在，京瓷哲学已经开始渗透到整个公司。由于公司的发展道路明确了，员工们也开始发现自己的工作价值，主动寻找工作，主动思考和行动。一些从来没有领导经验的人，在指导没经验的员工时，慢慢地也会依照京瓷哲学进行合理的指导。每天我都能更深刻地感受到京瓷哲学的重要性。

明确公司的使命和目标

最后，我想跟大家谈谈我们公司的使命和目标。

我总是跟员工们说，小豆岛这个小岛就是在全球背景下的日本的缩略图。少子、老龄化、环境问题、各种产业呈衰退倾向等，问题层出不穷。其中衰退倾向最严重的是农业。

先人们开垦的田地被我们荒废了，过去恬静的风景也变了样。虽然最近橄榄大受欢迎，种橄榄的人也越来越多，但不可否认的是，我们缺少年轻的继承者。

旅游业也在不断衰退。我还小的时候，在电影《二十四只眼睛》的影响之下，小豆岛成了旅游胜地。我们能打开橄榄和柑橘的销路也全靠岛上的游客。为了使小岛恢复活力，旅游业的复兴被寄予极大的期望。

由此我想到，在振兴小豆岛旅游业的过程中，农民们不就可以发挥自己的力量吗？不，应该说农民们必须发挥自己的力量，让荒废的田地复苏，种上橄榄或柑橘等树木，用心培育它们长大。对小豆岛的居民和游客们来说，精心管理的美丽田地也成了一道赏心悦目的风景。

我衷心希望，我们在与岛上的众多游客分享大自然赠予我们的农作物，共同体会大自然的可贵之处的同时，也能向大家宣传农业是多么的了不起、多么的重要。

种植属于第一产业，加工属于第二产业，销售服务属于第三产业。我们把综合这三个产业的新型农业经营模式称为第六产业，我们的目标就是成为一个出色的第六产业模范。因此，我们需要很多优秀的人才。

我希望与我一起工作的同伴们也能通过实践去学习经营之道。我希望创造一个能促使农业经营或农业顾问等各方面人才成长的企业环境。

因此，我将继续在盛和塾进行学习，提高心性，并对照京瓷哲学和我自身的行为与公司经营，与同伴们分享我的所学。我希望能建立一个阿米巴模式的分部门管理体系，打造一个全员参与经营的企业。

身为社长，我将不忘利他之心，继续通过与员工们

稲盛和夫

同心协力，造福顾客，给我们的地区带来活力，实现在座所有人的物质、精神两方面的幸福。

同时，我将继续不懈努力，使我们的公司成为小豆岛农业乃至日本农业的模范，努力成为农业生产法人，为振兴农村、振兴日本贡献微薄之力。

塾长点评

持续的改善改良就能实现优秀的经营

您的发表太精彩了。今天有 4 300 名塾生汇聚一堂，刚才井上先生所讲的经营体验，我觉得非常值得大家学习参考。井上先生讲述的，是在濑户内海一个小小的小豆岛上生产柑橘和橄榄，及其延展的食品加工、化妆品加工产品等，并通过邮购向全国销售的经营故事。

方才您也讲了，您 2007 年加入盛和塾的时候，销售额接近 7 亿日元，利润刚好在 1 成左右。可如今到

142

了 2013 年，离 2007 年不过仅仅 6 年时间，现在的销售额达到近 40 亿日元，而且经常利润达到 5 亿日元，也就是说，利润率超过了 10%。

小豆岛，那不过是一个小小的、浮在濑户内海的小岛。那里大概平整的土地非常稀少，多是一层层的梯田或者斜坡地。您说从您的爷爷辈、父亲辈开始种植柑橘类作物，从父亲那辈才开始考虑尝试种植橄榄，于是开始了橄榄栽培的事业。

土地狭小，而且地方很偏僻，因《二十四只眼睛》而闻名的小豆岛也算是一个观光的景点。这个小岛简直是日本在世界中的缩影，同样小而没有资源。在这样的境况下，您的爷爷和父亲世代栽培柑橘和橄榄，从事着非常小型的农场生意。而如今井上先生谈到，自己身为三兄弟中最小的弟弟，因为哥哥们已经找到了不同的工作，所以打算自己接父亲的班，回到乡下，继承了这样小而零散的家庭事业。

如果这是事实，那么，大概是因为您的爷爷、父亲经营的时代，柑橘和橄榄的栽培事业就没有大的发展，而哥哥们都在从事别的工作，所以您觉得只有回到乡下的自己能继承家里的农作事业。在这样一无所有的狭小的小豆岛上，而且靠父子兵经营农业，大概从一开始就没有人会认为有发展，可井上先生却拼命努力，不断地下苦功钻研创新。

我认为最了不起的是，没有资源、没有技术，什么都没有的境况下您所做的努力。以栽培柑橘类作物、种植橄榄，并直接销售的这种传统的经营方法为方针，在大量种植各种柑橘类作物的名产地和歌山、爱媛面前，小豆岛生产的柑橘优势真的相当弱小，没有什么市场前景。在这样的逆境下，您选择了邮购业务。这是您从父亲让前来小豆岛巡回礼佛的客人们品尝柑橘之事得到的启发，以一纸"请分给我一些美味的柑橘"的书信为起点，开始了邮购业务。

就是说，如果把产品批发到蔬菜批发中心，在那里竞价出售，弱小的小豆岛所生产的柑橘，即使在丰收的时候，也会被迫贱价出售，无法卖出好价钱。所以您决定自己直接销售，也就是您决定亲手销售自己在农地里辛苦栽培的产品。我们通常以为，农地里种植的东西就要由农协收购，再由农协卖到都市的批发中心，这是理所当然的。可是，您觉得那样做无法体现自己种植的产品的价值，于是决定自己直接销售。

这也归功于您父亲偶然因为利他之心，让前来巡回礼佛的客人品尝柑橘。他们回家后，纷纷来信要求购买美味的柑橘。利用这个机会，您走上了邮购业务的道路。您一边务农，一边从事邮购业务，着手进行销售。与此同时，您也并非直接销售农产品，而是决定对其进行加工。于是您加工柑橘，甚至加工橄榄，加工生产以橄榄油为核心的化妆品，也就是自己选择了提升附加价值的业务方向。

正好有很多人想务农，大家想在大自然的怀抱里悠闲地从事农事活动，于是纷纷提出希望来小豆岛工作。可当他们开始从事务农的工作后，才发现梦想和现实之间的距离。现实的农业生产是非常艰难辛苦的工作，于是他们开始抱怨、不满。而您拼命地说服这些人，把农业生产坚持下来。

在那个小小的小豆岛上从事农业生产，将种植的农作物高度加工，独立开拓出销售渠道，8 年前，正好是 2005 年，销售额仅为 2 亿日元，经常利润为 1 500 万日元。正当此时，井上先生读了我的《活法》，深受触动。您将 8 年前销售额不过 2 亿日元的农产事业发展为今天 38 亿~40 亿日元的规模，我认为您有优秀的才能。而且您接连不断地努力，使明天比今天好，后天比明天好。也就是不管自己处于多么弱小的地位，在什么都缺乏的情况下种植柑橘和橄榄；也不管从世界的视角看来，小豆岛种植的橄榄真的不过是小之又小的栽培事业，您并不因此而悲观，而是想方设法努力钻研创新。通过不断地重复创新，成为如此出色的、销售规模达 40 亿日元、接近 50 亿日元的小豆岛农产企业，连利润率也达到了 10% 以上。

听了您的发言，我觉得您真的太出色了。现在日本正准备参加 TPP，世界的大规模农业令日本备感威胁。可是井上先生的活法，我觉得真的非常值得所有日本农产企业、农家学习。同时，无论哪个行业、什么事业，即使遇到再多的障碍和逆境，也能取得如此出色的成果。这要求我们不能只是维持目前的工作，而是应不断地重复钻研创新，持续不断地用功，明天比今天进步，后天比明天进步。今天井上先生告诉我们一个道理：无论是销售还是制造，只要用尽一切办法进行改善改良，就能够实现优秀的经营。真的非常感谢，您真的很优秀，谢谢！

活在塾长的时代

南部邦男　盛和塾（京都）

株式会社 NABEL 董事会会长

今天能有机会在盛和塾世界大会这个光荣隆重的舞台上发表经营感受，我充满感恩，感谢稻盛塾长！感谢大家！

1970 年前后，20 岁出头的我全身心投入在学生运动、劳动者运动中，也是在那个时候，我了解了稻盛塾长的经历，并决心成为一个经营者。后来我小有成就，又遭受挫折，也因此，真正懂得了塾长的教诲和人生的意义。从那以后，我同员工们团结一致经营公司，直至今日。下面请允许我同大家一同分享我的经历。

大家都知道鸡蛋吧。日本是世界上最喜欢吃鸡蛋的国家之一，也是唯一一个生吃鸡蛋的国家。一个鸡蛋的价格在 1955 年左右是 12 ~ 13 日元，现在也没有多大变化，实在令人吃惊。日本的鸡蛋 90% 都是国产的，但是，蛋鸡与饲料大多依靠进口。大规模的鸡舍系统也很难见到国内制造商的身影。只有鸡蛋分选包装机器是我公司生产的，也就是日本产的，这就是业界现状。也就是说，日本人最爱吃的鸡蛋的贸易逆差十分严重。

占据全世界分选包装机器市场份额第一位的是 4 年前合并而成的欧美联合的荷兰资本，第二位则是我的公司。这就是我的公司所处的行业概况。

我艰苦的学生时代

1964 年，我 16 岁，家里在镇上开的电器店破产了，全家落得几乎要逃出去躲债。在恩师和周围朋友的经济援助下，我一边读高中，一边为了重振家业在电器店里干活，还兼做家教。我将破产作为创业的起点。

就这样一边读书一边挣着家人的生活费，终于在高三的冬天因为过度劳累得了十二指肠溃疡，并引发了失血性贫血，住进了医院。后来血是止住了，但也因为极度贫血，得了再生障碍性贫血，情况十分危险。听说再生障碍性贫血是不治之症，而我是因为连输了几日同学们献的血，偶然恢复了造血功能，才捡回了一条命。那一年，我 18 岁。

躺在病床上的时候，我想起了安妮·弗兰克的话："如果上天让我多活一点时间，我将为世界和人类而活。"就是" I shall work in the world and for mankind"这句话。我想，上天是为此才让我重返人间的。

高三的三个学期，我一天都没去过学校，也没参加毕业典礼。毕业后，我帮着父亲做电气自动控制方面的承包工作。当时我工作完全是为了糊口，尽管工作很拼命，但是我完全没想过经商。在我的青年时代，也就是学生运动频繁的 1960 ~ 1970 年，我开始认真思考人的一生应该做些什么事情。那时候街头每天都上演着反对《日美安保条约》的游行。接受战后教育的我对经营者有一个根深蒂固的印象：经营者都是坏人，是剥削劳动者的大恶人。

一步步踏入经营者的行列

我并不满足于仅仅为了糊口而工作，我想学习，于是上了立命馆大学的夜校，白天做着电气控制方面的工作，晚上就去学校。我不怎么去上课，就成天和同学们讨论资本主义、社会主义，还参加游行。1969 年，学生们占领了东京大学的安田讲堂，要求改变大学的腐朽体制，也就是所谓的安田讲堂事件。

生活在这样的时代氛围下，经营者给人的印象仿佛"恶魔的亲戚"，我完全没想过要成为经营者，我的梦想是成为老师或作家。

虽然我毫无悬念地在教师录取考试中落第了，可日子还得过下去，我可不能当无业游民。于是，趁着毕业，我不再在自家的车库里干活了，而是在京都市内租了一家 200 平方米左右的小工厂。在形式上，我开始接近于真正的经营者了。

白天的电气控制方面的工作差不多走上正轨，我叫了两个弟弟和弟弟的朋友来帮忙，一共是 7 个人。但我仍然觉得："成为经营者绝不是我的人生目标！"

不久，有人向我提出："日本还没有国产的鸡蛋分选包装机，你们来做一个吧。"于是，我白天干着电气控制的活，挣生活费，晚上就研究制造前所未有的国产鸡蛋分选包装机。我一个门外汉看了日本当时仅有的几台从荷兰、美国进口的机器，有样学样做出来的自动鸡蛋分选包装机，简直就是一个鸡蛋破坏装置。

大家都知道，稻盛塾长在 1959 年创办了京瓷公司（见图 5-4）。

图 5-4　1959 年，京瓷创业

1971 年，京瓷在大阪证交所上市（见图 5-5）。那时，一些当地京都人把京瓷戏称为"狂徒陶瓷"（同"京瓷"谐音，见图 5-6）。

当时的股票

南部氏スライド2

图 5-5　1971 年，京瓷在大阪证交所上市

狂徒 陶瓷
（京都）

南部氏スライド3

图 5-6　狂徒陶瓷

这是一家三更半夜还亮着灯的公司，他们好像着了魔一样地在工作。而"狂徒陶瓷"并不是个带着善意的称呼。

然而，看到有关"狂徒陶瓷"的报道，我却深受触动。我开始想象、憧憬一个团体以领导者为中心认真工作的场景。从那时起，我开始期盼有一天能见到稻盛和夫先生，不是在电视上，也不是在照片上，而是亲耳听到他的声音。

通过媒体，我了解了成立于西之京原町的京瓷公司的发展故事，受到鼓舞，我没有因为一次失败就放弃鸡蛋分选包装机的研发。虽然包装机研发失败了，为改变用订书机固定鸡蛋包装的方法，我又开始挑战通过超声波加热黏合包装的超声波封口机，终于在1975年开发成功。图5-7是当时完成的超声波封口机。

那一年，我跟夜校的同学结婚了。虽然原定3月结婚，但是妻子得了抑郁症，就推迟了一个月。之后，妻子又住院3次。但现在，她已恢复健康，还能参加马拉松赛跑。

南部氏スライド4

图 5-7　1975 年，封口机 US-200

　　我的再生障碍性贫血好了以后，十二指肠溃疡又复发了。我一边忍受着出血一边工作，终于在结婚 3 年后，30 岁的时候病情恶化，做了开腹手术。预计 1 个多小时的手术做了 4 个多小时。因为我的胃破了，引起了腹膜炎。后来我才听说，当时我的情况非常危险。

　　给我动手术的主治医生对担忧未来的我说："手术非常成功，衷心希望您活跃在社会上。所以，请好好加油吧。"这句话我铭记至今。

155

　　我们开发的超声波封口机销路很好。因为没有竞
争产品，所以售价超出了我的预想。这正是塾长说的
"定价即经营"。当时的我还不知道这句话，所以定
价都是看客户的脸色。利用获得的利润，我再次挑战
曾经研发失败的鸡蛋分选包装机，终于在 1979 年开
发出了日本第一台自动鸡蛋分选包装机（见图 5-8），
图 5-9 是试运行成功时的纪念照片。这张照片里没有
我，因为我是摄影者。怎么样？大家的表情都很不
错吧。

南部氏スライド6

图 5-8　1979 年，AX-80 每小时分选包装 2 万枚鸡蛋

南部氏スライド5

图 5-9　日本第一台自动鸡蛋分选包装机试运行成功纪念

这就是自动鸡蛋分选包装装置国产 1 号机。

机器的销路很好。1982 年，我们又在京都市南区，距离现在的京瓷总部大约 1 千米的地方，租了一个 520 平方米大小的工厂。

盛和塾之后的改变

第二年，也就是 1983 年，盛和塾成立了。我通过报纸知道了这件事，可是当时我并没有同当地的企业家交流，也不知道加入的方法。不过我已经下定决心，总有一天要加入盛和塾。为了成为有资格加入盛和塾的公司，我要不懈努力。

那时，我阅读了加藤胜美写的《一个少年的梦》，书中记载了稻盛社长的生平和京瓷的发展历程，它让我不再认为经营者就是"恶魔的亲戚"，让我看到了稻盛社长领导下的真实的京瓷企业。

例如，1959 年京瓷成立的誓词："我们不是为了个人的利益和欲望而结盟。我们虽然无能，但我们愿意团结在一起，为世界和人类做贡献。我们志同道合，在此舐血为盟。"当员工要求公司保障工资和奖金时，稻盛社长同员工们进行了长达三天三夜的对话等。

我从心底感到："有的经营者可以以生命守护全体员工的生活，为他们祈福，可以每天实践'为世界和人类做贡献'这句话。这不就是我的人生目标吗？我要作为一个经营者来面对人生。"

首批国产自动鸡蛋分选包装机畅销国内。这时，我被授权国内一家公司生产机器的美国生产商提起了侵犯专利权的诉讼。

还沉浸在机器畅销的喜悦中的我十分震惊，心想："这下要完蛋了……"诉讼状上写的损失赔偿甚至超过了当时一年的营业额。

官司打了四年，最终由我们支付数千万日元的"和解金"，算是和解了。实际上，我们相当于败诉了。这起专利纠纷为今天的公司带来了巨大的影响，可以说创造了我们今天的公司。现在，我甚至想感谢当时告我们的美国公司。

自动鸡蛋分选包装机的销量没有受到专利纠纷的影响，依然畅销。但是，1989年，销售我公司产品的经销公司出现了资金周转困难。原本我们的产品都是通过这些了解行业的人创办的公司销售的。借此机会，我们并购了经销公司，形成了现在的生产销售一体化的NABEL公司。

　　两年后，在京都联系人的邀请下，我加入了京都盛和塾，终于能见到一直崇拜的稻盛塾长了！终于能见到传说中的稻盛先生了！我的愿望实现了。

　　但是，好景不长，就在那个时候，原经销公司的负责人，合并后仍负责营业的核心人物——营业担当董事和营业部部长双双辞职，去了竞争对手的公司。两人的辞职，加上两年前收购经销公司产生的财务赤字，使得公司的资金周转变得十分困难。当时住院的我72岁的父亲，也是公司当时的会长，也在那个时候离开了人世。

　　虽然失去了支撑营业的核心人物，但在留下来的员工的努力，以及周围朋友们的支持下，公司最后渡过了难关。我想，正是这段困难时期磨炼了公司。

　　1991年，我和两个弟弟所有的土地和房产都做了金融机构的担保，再也借不到更多的钱了。这时，现在的社长（我弟弟的同学），把自己父亲名下的私人土地拿去做了担保，又借到一笔钱。我过去做电气控制时候的客户公司也借给了我们几千万日元。当地一家大企业也用数千万日元买下了我们的专利使用权。已经过去 20 多年了，它们一次也没有行使专利实施权。

此外，一家大牌养鸡场向我们下了订单，为旗下 30 个分场的养鸡场提供机器，并告知我们"本周内支付预付款"。

当时的业界觉得我们不多久就会破产，而我的客户却全然不顾这些。我至今仍记得他们的话语。时至今日，我仍能回想起当时的恐惧。

在这样困难的时间里，塾长的一句话始终陪伴着我。我想，正是这句话给了我直面困难的勇气。

那是在京都宝之池王子酒店里举行的全国大会上，塾长说了一句："绝不放弃。"一瞬间，我觉得周围的一切都消失了，只有"绝不放弃"这句话持久有力地回荡在我耳边……而我的眼里也只有站在演讲台上的塾长。我觉得，这句话就是为我而说的！那个瞬间我想："这点小事算什

稻盛和夫

么……有什么好发愁的，只要绝不放弃，坚持住就好了。"

"绝不放弃，相信自己，相信上天一定不会抛弃我们！绝不放弃，尽人事知天命。"这就是我们公司现在的社训。为了以防万一，我甚至多次确认自己的人寿保险赔偿金金额。

> "绝不放弃，相信自己，相信上天一定不会抛弃我们！绝不放弃，尽人事知天命。"这就是我们公司现在的社训。

只要我们不放弃就会克服困难。工厂又恢复到了当初租赁 200 平方米厂房时的几乎全年不停工的状态。当时的困境一定是自己在不知不觉中产生了松懈和大意。曾经我的热情燃烧到弟弟结婚的前一天晚上还在工作，而有段时间，我却渐渐忘记了这种热情，对此我深刻反省。还有我的员工们，因为我的疏忽大意导致公司经营困难，他们却一直陪在我身边，一起为了走出困境而奋斗，我一定要用生命来守护他们的生活。我终于深切地体会到了塾长说的"追求全体员工的物质、精神两方面幸福"和"在相扑竞技土俵[○]正中央进行

───────────
○　相扑竞技场地。

角逐"的意义。

　　参考京瓷的阿米巴经营模式，我们公司每月都会向全体员工公布营业额、进货额、费用等。公布各部门的单位时间附加价值（见图 5-10），也是从走出这次困境后开始的。

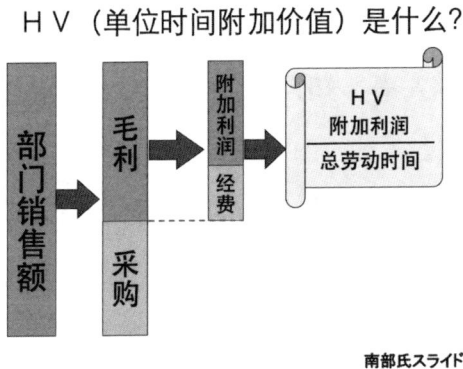

图 5-10　HV（单位时间附加价值）的定义

　　单位时间附加价值的算法是：先从部门的销售额中减去进货额，算出"毛利"，再减去部门经费算出附加利润，最后除以总劳动时间，得出单位时间附加价值，我们把它叫作"hour value"，简称 HV。我们是根据这

稻盛和夫

个 HV 值来发放决算奖金的。决算奖金是跟业绩挂钩的，但我尽量保证相当于 5 个月工资的奖金。

根据过去的经历，我们又设立了以下的方针和理念（见图 5-11）。

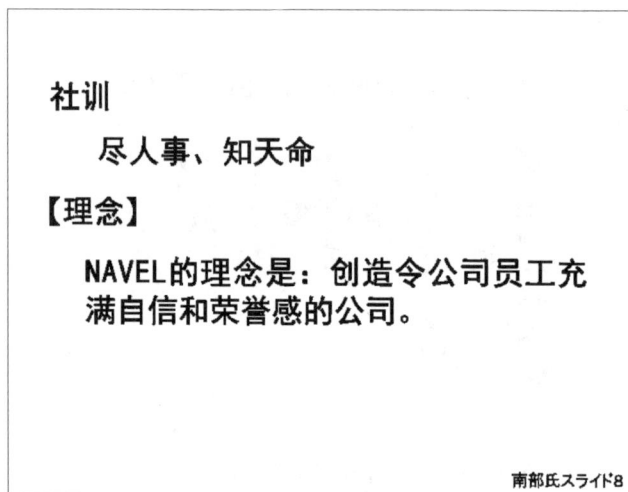

社训
    尽人事、知天命
【理念】
    NAVEL的理念是：创造令公司员工充满自信和荣誉感的公司。

南部氏スライド8

图 5-11　我们的社训和理念

我们的社训是"尽人事、知天命"。我 18 岁的时候下决心要"为了世界和人类而劳动"。因此，我把我的工作当作是上天赋予的使命，尽我所有的力量去完成。

想到安妮·弗兰克，我便把这句话定为公司的方针。

我们的理念是"创造令公司员工充满自信和荣誉感的公司"。这个理念与京瓷成立时的誓言以及稻盛社长与员工们长达三天三夜的谈话一脉相承，也是我希望给员工们带来幸福的真实心声。

1988年，我们开发出了裂缝蛋自动检查装置，从研发开始到成功，历时11年。以此为契机，我们的国内市场占有率逐步上升，现在，我们几乎独占了日本的裂缝蛋自动检查装置市场。

1999年，公司位于长冈京市，占地约4 000平方米的总部竣工了。

搬到长冈京市的时候，我们大家下定决心："总有一天会回到京都市，回到京瓷的附近。"

9年后的2008年，公司位于京都市南区，在京瓷往北1.5公里，占地约4 600平方米的新总部终于竣工了。并不是说在京瓷的附近就有什么好处，而是我们不想忘记"狂徒陶瓷"的那种热情。

在经历过与美国公司的专利纷争后，公司开始在经营过程中重视专利。现在，我们申请的专利数达到了430多项，已登记的专利有100多项。公司生产的设备远销海内外49个国家。

然后，就像"翱翔世界的鹤丸"的日本航空公司一样，我们在发展一帆风顺的时候疏忽大意了，"总觉得是自己在经济高速成长的时期，支撑起日本企业的自信和自满……"看到这则报道，我不由想起"过去真是受了那只红鹤（日本航空公司的标志）不少的照顾"，也想起了我们公司1991年的那场危机。

塾长曾说："如果日本航空公司倒下了，日本的经济将受到巨大的影响。"于是，他不顾自己年事已高，不顾自身的繁忙，不顾周围人的反对，毅然站到了重振日本航空公司的第一线。而我却在想："日本航空公司破产是咎由自取。"我为自己的气量狭小感到惭愧。看到塾长的行为，想到塾长的心情，我也下定决心："为了所有员工，为了日本，我们NABEL也要更加努力。我自己也要在人格上更加向塾长靠近。"

日本航空公司后来起死回生的事想必大家都有所了解。我又一次体会到，原来这就是领导者用生命在做事的样子。

我们公司没有经历过破产，能够一直走到今天，要感谢塾长的话、周围朋友的支援、全体员工的努力，以及我可爱的家人的支持，感谢降临在我身上的无数好运。一想到如果我没有生在这个稻盛塾长所在的年代，如果没有听到过他的教诲……不禁有些后怕。

我们公司的口号是"让 NABEL 的机器包装全世界的鸡蛋"。今后，我们将继续相信天命，凭借不屈不挠的精神，赌上一个日本企业的骄傲，向着世界第一迈进。

稻盛塾长，感谢您在这个时代给予我们灵魂深处的指引。与其说您引导我们经营，不如说您教诲了我们人生的真正意义。感恩之心，无以言表，唯有感谢！

最后，我期待在座的各位盛和塾同门一如既往地给我指教，以相互促进、相互鼓励，共同提高心性。

谢谢大家倾听！

塾长点评

好的技术应该应用于各种领域

南部先生，谢谢您精彩的分享。听到您从高中到大学，尤其是在立命馆大学上夜校的经历，令我回想起20世纪60年代的社会氛围。在您十几岁的时候，您对学生运动、工人运动非常感兴趣，对经营者有"剥削劳动者的大恶人"的印象，并下定决心无论如何将来也不当经营者。

确实在这个时代，也就是南部先生从高中升大学的时候，日本共产党的蜷川先生当选了京都府知事。他在京都府作为知事从政十几年，因此京都府政界清一色都是日本共产党。也因此日本教职员工会（下称日教工会）非常强势，学校教育中也宣扬资本主义都是罪恶的思想。正是在这样的风口浪尖，我在京都创立了京瓷，开始经营公司。

在我正着手开始"经营"时，大约有20名高中应届毕业的新员工闹事，他们逼迫公司，要求公司向他们提供未来工资和奖金的保障。在小学、中学、高中和日教工会的教育当中，灌输经营者是剥削劳动者的、无恶不作的大坏人的思想，致使公司雇用的高中毕业生们集体闹事。其中一人的父亲是京都西阵人，担任日本共产党西阵分部的干部，他的儿子进了我们公司。因此，在公司成立的那一刻起，我就遭遇了学生运动。

在我看来，这件事是一件非常幸运的事。正因为这件事，我才会废寝忘食地思考，如何令这些顽固地认为经营者是恶人的员工留在公司，跟我一起为工作携手奋进。也许在其他城市不需要经历这种痛苦，可是在京都这片土地上就需要面对这样的事情。为了让这些顽固的、先入为主地认为经营者是恶人的员工心甘情愿地跟随我，我觉得自己先要提升人格，成为连这些员工都信任的人，否则就谈不上公司的经营，为此我付出了巨大的努力。而这件事也直接促使了京瓷之后的发展。

就是说，公司刚刚成立，我就受到了种种严峻的考验。正如南部先生刚才所说，当时您也受到了京都这种社会环境的影响。在这样的环境下，南部先生也曾经认为"经营者是最令人厌恶的人"，可一方面您继承父亲的事业，在电器店破产后，多次患上不得了的疾病，之后又开始拼命努力，帮助父亲承包自动控制的电器相关业务。

在这种情形下，南部先生拼命努力，以出色的自动控制产品为起点，利用自动化技术，开发了自动鸡蛋分选包装机。当然，一开始失败了一次，但是您并未放弃，继续拼命努力，最后获得了成功。

京瓷在创业以来，就像刚才您说的一样，全体员工都像发了狂一样，被人揶揄为一群狂徒的公司，当时在京都一带，被看作一群疯子组成的团体。您原本热衷于工人运动，看到这样的报道后，一定会更加认定京瓷是疯狂驱使员工工作的妖魔化身。但是相反，您却说一想象员工认真对待工作的样子，就十分感动。我认为，这正体现了原本热衷于工人运动、在我看来抱有幼稚的社会正义感的南部先生发生变化的开始。

令我非常吃惊的是，您的学历并不高，却和弟弟以及弟弟的朋友共同研制出了自动鸡蛋分选包装机。如刚刚您所说，鸡蛋是非常有意思的产品，在这二三十年间，物价飞涨，但鸡蛋的价格却没有发生变化。养鸡场的养鸡系统都是从国外进口的，唯有鸡蛋分选包装机这一设备是国产的，这就是南部先生的工厂NABEL 生产的。

我刚才从视频里看到您生产的设备，易碎的生鸡蛋被那样分选、包装、处理，能做出这样的机器，我觉得非常了不起。

您在 1991 年加入盛和塾，当时公司的销售额是 14

亿日元。入塾之前，销售额要少很多。在加入盛和塾之前，您的经营非常艰难，吃了很多苦头。但是那之后销售额接连不断地显著上升，达到了现在的近40亿日元。这10年间，您的销售利润率都超过了10%。能够实现这样的好业绩，我想贵公司的自有资本比率一定非常高，财务状况也非常稳定。

您的自动装置可以将有细小破损的鸡蛋从包装中分拣出来，并且能够自动发现碎裂的鸡蛋，将它剔除，这就是您所经营的业务。您已经创造了世界第二的鸡蛋自动分选包装设备生产公司，销售额达40亿日元。虽然您现在已经上了年纪，但是请一定继续努力，将这一传感器技术、自动控制技术应用在更多的产品和更多的领域上。我觉得您能发展到这一步，真的非常优秀，今后也请再次激发年轻时的热情，接受新的挑战。

看了刚才的视频，我几乎迷上了您的设备。能那样把易碎的鸡蛋自动地进行各类分选包装，我觉得真的太了不起了。我认为如果这个技术可以应用于各种领域，应用于各种东西，那一定非常出色。请务必将该技术应用在其他产品上，把公司变得更优秀，让员工更加幸福。这样，您就不会成为年轻时认定的坏经营者，而能成为造福员工和社会，贡献社会，为了世人做出贡献，使公司更加出色的优秀经营者。今天，非常谢谢您的发言！

稻盛和夫

把爱传下去

严心镛　盛和塾（台湾）
稻禾餐饮国际股份有限公司

我叫严心镛，来自中国台湾，目前从事餐饮业的经营发展。

从 2012 年 4 月到现在，我们开了 4 家日式乌冬面店，营业额是 1.28 亿台币，净利润率是 20.5%，获利 2 624 万台币，员工人数 105 人。在我报告的同时，第五家店刚刚开业。

公司的创业理念：帮助家境穷苦的年轻人，在发展事业、改善物质生活的同时，提升心性、孝顺父母，并且帮助更多下一代的年轻人，把爱传下去。

从事餐饮业是我不曾有过的想法，如今却是我一生的志愿，这都要感谢我的创业发起人——梁先生，也藉由这个大会，首先向他表示我真诚的感谢和感恩。

充满起伏的从业经历

我出生于小康之家，父亲在渔港从事钢索买卖的生意，也曾经开过出租车。因为工作忙碌，父亲无法同时照顾我和姐姐两个小孩。在我出生一个月的时候，他就把我寄养在亲戚婶婆的家里，一直到 16 岁，我便搬出去自己独立生活。

许多亲戚经常问我，长大后你要孝顺谁？当我回答要孝顺妈妈或婶婆时，总会招来责备。于是我就说她们一个生我，一个养我，两边我都要孝顺。如今，小时候说的话，变成我长大后最开心的满足。能够同时孝养她们，是我最大的福分。

年轻时，我应聘了一份推销员的工作，挨家挨户敲门，推销吸尘器。我总是面带诚恳地对家庭主妇说："您好！我是来做小区服务的，免费为你们家里打扫，请你给我 20 分钟，我们有一台吸尘器，效果很好。""您有参考的权利，没有购买的义务。我们不会对您进行强迫推销，请您放心，希望能让我为您服务。"

25年前，用这样的方式，大约每十个客户，有一两位会让我进门。但我也经常被客人赶出门，甚至被狗追着跑。我们的吸尘器真的很好，但价格很高，每台超过3万台币，很难推销出去。做了一年，我放弃了这份工作，但不知不觉，自己也练就了口才和胆量。

后来，我看到报上一家美国公司招聘台湾区第一批销售业务经理。这份工作看起来很吸引我，因为领的是周薪，待遇很好，而且销售的是迪士尼卡通的一套儿童美语教材，但应征者需要具备三个条件：①大学毕业学历；②不错的英语表达能力；③三年以上的销售经验。我知道我的条件完全不符合，却硬着头皮去参加面试。面试官是一位美国的副总裁，见到我，用英文对我说了几句话，我完全听不懂。旁边的秘书忍不住，替我翻译说："严先生，我们要求的三个条件，你完全不符合，难道你不知道吗？"我回答说："是呀，我知道你们的条件，我都没有，但我有很好的销售经验，而且真的很想加入你们公司，请您给我一个机会，让我试作3个月，我愿意不领任何薪水，每天工作14个小时，假日无休。请您让我试试，这对公司没有损失呀。3个月后，若您觉得我不适合，我一定离开。"外国老板听了很惊讶，请秘书追问说："你真愿意试作3个月，不领一元薪水，只希望得到这份工作?"我回答："是的，而且我很年轻，我会尽力，认真学习。"

两天后，我收到了通知，秘书说："严先生，恭喜你，我们老板决定增加一个名额让你试试看，但只有1个月的时间。1个月后，如果你没有成绩，我们就会解聘你。"我听到后非常兴奋，秘书还接着说："严先生，你知道为什么我们愿意让你试试吗?"她说："因为我们老板问了其他三位面试者'你愿意为了这份工作，试用3个月不领一元薪水吗?'结果没有人愿意。"

那个月我非常努力地拜访客户，但我的英文不好，又不知如何卖出这套产品，最后请我的朋友帮忙买了一套，但所有的钱，由我分期付款来支付，才勉强保住这个工作机会。但慢慢地，我就找到了技巧，也有了信心，更发展了一个 20 人的组织。6 个月后，我拥有了自己的办公室。1 年后，我的年收入达到了 200 万台币。在当时，对一个 26 岁的年轻人来说，这算是一个很高的收入。

赚到钱，我开始变得虚荣，以为自己很厉害。28 岁生日的时候，我买了一台宝马 728，当作给自己的生日礼物。我还希望能透过其他管道，赚更多的钱。于是我迷上了投资期货，短短两个月，不仅赔光了所有的钱，还负债 500 万台币。当时的我很痛苦，虽然白天努力工作，晚上却要到处借钱和还钱。

1997 年全球金融风暴，公司想派一位经理到香港开拓市场，与家人商量后，我决定申请前往。

在拓展初期，香港的业务同仁，明显地不信任台湾的主管；另一方面，客人也不愿意业务员到家里销售产品，业务开展得并不顺利。于是，我决定改变策略，对于同仁，我一对一诉说愿景，真诚地与他们沟通，又大胆地订出一年三次的海外旅游奖励计划。同时，我努力学习方言，6个月后，我亲自以流利的广东话主办了一场又一场的儿童教育讲座及产品说明会，吸引许多家长带着孩子参加。并在各个商场摆设摊位，赠送试用礼品，让业务员有机会与客人直接接触，这样的做法，非常成功。

我总是告诉大家："没有不好的客户，只有不对的态度。"只有提升专业，才能有效地帮助更多的家庭和小孩子。我们在企业内建立了一个"学习型组织"，邀请幼儿教育专家进行培训，发展学习护照与认证，聘请美籍老师为客户举办活动。在总公司，我设有公开的紧急处理电话，任何客人及同仁对公司有抱怨，都可以直接联系我。因为我们的服务做得好，6年的时间内，业务团队人数由最初的两个人发展到450人，年营业额达3亿人民币，我同时还清了负债。

分享的开始

经过这段生命体验，我立下一个愿望，要把所学、所得的经验，分享给更多的年轻人。2003 年，我带着家人回到台湾，成立了一个企业顾问公司，整理出一套"顾客服务管理系统"，开始讲授"感动服务"这个培训课程。我认为服务的目的，不仅要做到顾客"满意"，而且还要让顾客"感动"。

一开始，我们先辅导了一些中小企业。曾经有一个这样的案例：有一位美发业的店长，接受完培训后告诉我，店里面有一位老客户，叫陈妈妈，每个星期来店两次洗头发，后来不幸得了癌症。陈妈妈唯一的儿子在美国，无法回来照顾她，店长便告诉她："陈妈妈，以后您不要来了，我会固定到您家里。"

那位店长帮她洗头、按摩、煮饭、陪她聊天，甚至在住院期间，每天晚上到医院，睡在同一个病房，陪她直到天亮。陈妈妈临终前，抓着她的手说："感谢老天，这一路有你陪着我，就像多了一个女儿一样……"陈妈妈甚至想把自己住的房子送给她，她却坚决不要，她说："谢谢您，让我有机会像对待妈妈一样照顾您、孝顺您，对我来说，这样就已经足够了。"

　　还有一个案例，有位太太，经常被先生打得很惨，最后忍不住要自杀。自杀前她想到，应该让自己漂漂亮亮地离开世界，便到美容院做最后一次理发。当时，受过训练的美发师发现，这位太太跟平时不大一样，身上有伤痕、情绪很激动，便联合几个人说："我们一起来感动她吧。"于是一帮人包围着安慰她、鼓励她，坚持不让她走。后来这位太太很激动地对大家说："我不知道今天为何你们对我特别好，原本我已买了安眠药，打算待会儿要自杀，但现在却很感动。我决定不死了，我要回去跟我先生拼了。"因为这样的举动，竟然救了一个人，这就是感动服务的意义——不求回报，只求真诚地付出。

以"把爱传下去"开展事业

　　有 5 年的时间，我将这样的服务理念，推广到各行各业，包括台湾高铁（新干线）初期所有的服务员，一律都必须接受这样的训练。还有汽车业，如雷克萨斯（Lexus）、日产（Nissan）、奥迪（Audi）、梅赛德斯 - 奔驰（Mercedes-Benz），所有业务员和服务场的工作人员，都参加了这个培训课程。我也将各行各业的感动服务故事，收集整理之后，出版了一本书，叫作《拥抱初衷》，并经常接受电视节目的采访，也定期在中国大陆为不同的企业客户做咨询和辅导。当时我以为，这是一份最有意义的工作，也是我人生最后的一份工作。

直到有一天，台湾最大的媒体《商业周刊》杂志社社长打电话给我，希望介绍一位很特别的朋友，也是非常成功的投资家梁先生给我认识。梁先生是江苏扬州人，年轻时在美国哥伦比亚大学硕士毕业，从事投资事业，并在中国成功地帮助过许多企业上市。在事业成功后，便发誓不再为自己赚钱，而是要帮助中国贫苦的年轻人创业，改善他们生命与生活的质量。

梁先生见到我的第一句话是："听说你是非常优秀

的讲师，请问你余生的 30 年要做什么？"我愣了一下，思考后我回答他："我想办一所学校，义务教导年轻人，帮助他们学会服务顾客的专业技能，再介绍他们到各个企业就业。"梁先生说："教育固然可以帮助年轻人，却不容易影响他们一辈子。"他认为唯有创业，才是对年轻人最大的帮助，并且提出将以"阿米巴组织"的概念，来投资餐饮业，帮助年轻人提升心性、拓展经营。我听到后感到很惊讶，没想到有这样的人，愿意付出善行帮助人。我认同他的想法，可是内心却有极大的矛盾，心想："难道我的梦想，并不是帮助年轻人最好的方法吗？"

此后，梁先生经常与我见面，并送给我一本稻盛先生的《活法》，里面最重要的一句话是："人，为什么活着？"这句话给我的影响很大，我常常在开车、讲课、睡觉前，都会问自己："人，为什么活着？"除了提升为顾客服务的专业技能外，我能不能真正帮助人获得物质和精神的满足，对更多的人做实质的贡献？

　　将近一年的时间，我定期和梁先生见面与开会，每次都发现他的决心不变。最后，当他问我说："我们一起共创大业，来帮助穷苦的孩子吧！"我想了几天，便回答他："我愿意加入你的行列。但我的父母年事已高，可否让我先从台湾开始？也帮助台湾的年轻人。"梁先生一口答应，并立刻投入第一笔资金，成立了公司。

　　我们的做法，是以稻盛先生的经营哲学与实学，帮助年轻人提升心性，发展餐饮业的"阿米巴组织"。首先，我从过去优秀的同事和学生里，找到4名符合创业条件的年轻人，他们都来自贫穷或单亲家庭，并且极为孝顺父母。对我们来说，孝顺和穷困是最重要的入选条件；因为孝顺的孩子，对父母好，相信也会对同仁和客人好；而贫苦的孩子，更容易体会感恩，愿意一起把爱传下去。这些同仁，我们不称为员工，而称为伙伴。

　　有一位伙伴的弟弟，听说在偏远的乡下，白天种田，晚上还要摆地摊，帮忙赚钱贴补家用。我诚恳地请他和母亲来台北面谈，看到这个孩子纯朴又孝顺，我立刻邀请他加入我们的行列。他的母亲很高兴，感谢我们愿意栽培孩子。没想到回去后，爸爸却反对了，不让他来。我听到后不愿放弃，第二天便开了5个小时的车子，去拜访他的父亲并述说我们的理念。他听了后十分感动，便答应下来。离开前，握着我的手说："我的两个孩子，都交给你们了。"我告诉他："来了之后，我们会把他们当作家人来照顾的，请您放心"。

这样的事，在过去的一年多，经常在发生。如今，我们像是一个大家庭，有了100多个孩子。而他们之间，又好像兄弟姐妹一般，这是我最高兴的事情。

从成立公司开始，我们便决定以面粉作为产品的基本元素，以面条、面包及包子类等产品来开创事业。原因是这些产品技术含量较高，年轻人可以学习一技之长。我们用将近半年多的时间，找到台湾800多家饮食店，逐一过滤、拜访。终于发现了一家非常棒的乌冬面店，位于台中。

店主人杨先生12年前到日本求学，无意中看到某

稻盛和夫

杂志访问一位乌冬面大师糠信禾广先生，便主动打电话对他说："我来自中国台湾，真心想前来拜访与学习，不知是否可以？"没想到这位糠信师傅，一口答应了他的请求。见面后，感受到他的真诚，便传授给他做乌冬面的心得。杨先生回到台湾后开了一个小店，不断地钻研技术，甚至每天清晨 5 点起床，先打坐忏悔，才开始制作面条。他说："只有洁净的心，才能制作出最好的乌冬面。"这样持续了 12 年。

杨先生还说："乌冬面是有生命的，这样的面条，完全手工制作，有时做完面条，闭上眼睛，仿佛听到它在说：'谢谢你！今天把我做得这么好'。"这就是他的精神。

但因为数量不多，每日只能供应午餐，许多客人常常订不到位子。当我们亲临现场，吃到乌冬面后深为感动，面条很有劲道，是我不曾有的体验。我立刻提出要求，希望能与

186

他合作，指导我们技术或共同开店，帮助年轻人创业。

　　杨师傅一口拒绝，并表示过去有太多的人找他谈过，他并不想赚大钱，只想守本分，做好自己的面。那段期间，我不断地拜访他，足足谈了 8 个月。直到有一次出差的时候，我不小心摔了一跤，将左脚摔断。住院两个星期后，我便挂着拐杖再去找他。他见到我，吓了一跳，问我为何摔断脚还要来。我告诉他："师傅，这两个星期，我躺在病床上，每天都在想，为什么您不愿意与我们合作？老天对您这么好，帮您找到一个好师傅，而如今我们无私地想帮助年轻人，您却不愿意与我们合作。难道您不觉得生命到了我们这个年纪，往往缺的不是金钱，而是功德。我最后一次诚恳地请求您，愿意帮助我们吗？"

　　或许因为我的脚受伤了，说话比较大声，抑或我的真诚，真的打动了他，杨师傅终于认同我们的条件，与我们合作。于是我立刻带了 4 个孩子，不顾脚伤，亲自向他学习。也因此，2012 年的 4 月 4 日，我们创业的第一家店终于开张了。

开店前，我请创办人梁先生题几个字送给大家，他说稻盛先生教导大家要"敬天爱人"，而他也希望每个人在手工制作面条的时候，要很神圣地制作每一碗面，于是题下"敬事如神"4个字。同时，我也希望外场的服务员，在对待客户时，要如亲人一般，便写下"待客如亲"4个字。这就是我们工作与服务的精神。

开业的那一天，没有宣传，我们就默默地开了门。我原本希望客人慢慢地来，所以不做任何促销广告，没想到第一天就客满了。后来甚至经常排队，变成巷子里的一个奇观。

接下来几个月，我不是在外面吆喝指挥，而选择在厨房洗碗：一方面可以看见客人所剩食物的多寡，了解顾客的喜好；另一方面，也让所有同仁知道，我与大家同在。早上8点最早来到店里做准备，晚上超过12点才离开，这样的劳动，让我疲惫不堪，瘦了不少。每天下班开车回家约50公里路，必须在中途休息片刻，分成两段才能开回家，有时在车里一觉睡到天亮，赶紧回去洗澡换衣服后，又立刻出门。

尽管如此，我的内心却十分充实。我经常想，或许是神在帮忙。这一年来，我们开了4家店，其中有两家是素食，生意竟然都非常好。

稻盛先生提到"定价决定经营"。根据这条原则，我们在当初就做足了功课，参考同业水准、顾客意见及成本考虑，才做出正确的决定。在餐饮业，定价至关紧要，客人的敏感度远超过想象，一旦定了，轻易改变，就对不起顾客。

这一年，我们遵照"经费最小化、销售最大化"的经营原则，又发展了一个新的品牌。以更小的店面、更少的人力，每天翻桌16轮，创造了单店每日卖出近1 000客的销售业绩，成为同行业羡慕的对象，也为我们今后的发展提供了经验。

每天有工作的定课，一早，店长带着大家练"八段锦"气功，目的是锻炼身体和集中精神。开店前，举行一个"集气"的会议，让每个人清楚地知道营业及工作目标。每天有两餐"员工餐"，由公司供应，这是我最看重的一件事，要大家吃得好，营养均衡。我总是与大家共同用餐。

每天营业结束后，我们举办分享会，题目是"认不是、找好处"。店长会带头，认自己的不是，在一天的工作中，找出自己的错误，向大家认错；并找大家的好处，予以表扬，然后每个人依序发言。这样的活动，帮助我们不断检讨改善，不断进步。

传统的餐饮业，往往人员素质不高，厨师或店长，稍不如意就会破口骂人，对同仁不尊重。但在我们这里，店长是最受欢迎的。大家都想像她一样，成为将来的店长。我感受到这是一种由下而上的力量，每个人都带着目标而努力工作。

每天晚上10点，我会收到各店的工作日志和营业报表。针对当天的目标进行检讨或表扬。为了落实稻盛先生所提的"明天要比今天好，后天要比明天好"这一条，我们花了近一年的时间，制定了各项 SOP 与检验标准。以"学长"制度大力推行，只要学长照顾好学弟学妹，帮助他们通过工作考核，便可以享受到季度红利。这么做，让每个新人的进步更为神速，让团队合作更为牢固。

另外，为了提升技术，合作伙伴杨师傅，每周都来指导。而日本的糠信师傅，也受邀成为顾问，每一季都来到台湾，我们分轻量级及重量级举行比赛，由他亲自评审，并做出指导。

为了避免年轻人将来赚钱后受到诱惑，心性动摇，我们设计了许多道德教育的课程。教导他们如何更孝顺父母，如何立下目标，让自己成长为帮助更多人的技术教练与生命教练。技术教练的主要工作在落实稻盛先生的实学，带领同仁在各个工作区站，透过培训与考核，掌握最好的技术和管理方法。而生命教练的工作，在于落实稻盛先生的哲学，提升心性，不要重复我年轻

> 为了避免年轻人将来赚钱后受到诱惑，心性动摇，我们设计了许多道德教育的课程。教导他们如何更孝顺父母，如何立下目标，让自己成长为帮助更多人的技术教练与生命教练。

时犯过的错误，不要因投机而负债。

为了让伙伴居住好、休息好，我亲自为他们布置宿舍房间。每间宿舍有客厅，每间房间有空调，很有"家"的感觉。每个月休假6～8天，这些从远方家乡来的孩子，可以常常有机会回去探望父母。我们还设置了7个社团，包括篮球、慢跑、瑜伽、保龄球、吉他、打鼓和钓鱼。让大家参与，把休闲活动也搞得丰富多彩，这样才能把事业做得长长久久。

现在我们每个人每天工作都开心。我认为从事餐饮业，先开心，才会赚钱，而不是先赚钱，才会开心。因为没有客人想见到你不开心的样子。

在创办人梁先生的鼓励下，我们大力启用年轻人，店长的平均年龄都在22～23岁。有两位店长，从小父亲过世，虽然单亲，却独立又勇敢。那天我在Facebook上，看到其中一位的留言："爸爸，你好吗？我好想你，我在这里工作，每天都很快乐，我会认真努力，照顾好妈妈，希望你在天堂也过着一样开心的日子!"看到这段话,我们都流下了眼泪。我想,我的愿望,就是协助他们实现自己的梦想。

台湾的电视台来采访我们。现在,有的富人也要求把他们的孩子放到我们店里接受教育和熏陶。

2012年年底,我们举办感谢宴会,并邀请他们的父母前来参加。餐会中,我们放了影片,展示这一年每个人的进步成果。临走前,这些父母都握着我的手告诉我:"谢谢你把我的孩子带得这么好!"

今后,我们准备将公司盈余的1/3,提拨给伙伴分红。而目前,公司将其他盈余全用来继续拓展经营。许多饮食街都邀请我们去开店,而按照我们现在培养人才的速度,每两三个月就可以开一家新店,并维持20%的利润率。这也是我们上下一心,共同要达成的目标。

未来3年,我们的目标是在台湾开30家店。类似这样的计划,梁先生在中国大陆的团队更为出色,不到一年,在扬州,已开了两家包子店;武汉有两家火锅店;北京有一家面店;上海有四家面包店。同时展开，都是当地最好的店，员工人数已超过 300 人。

这一切都是因为有了梁先生无私的支持与指导。在参加了 2013 年 7 月日本盛和塾世界大会之后，我们主办了一个"阿米巴经营管理会议"，制订行动计划，每月追踪。在台湾，每月举办读书会和研讨会，将稻盛先生的经营十二条准则，逐条深度讨论实际应用的方法。我没想到这群年轻的孩子，对经营十二条也表现出了极大的兴趣。

回想起梁先生当时问我的一句话："你的余生 30 年做什么？"

现在我可以很清楚地回答："我后半辈子要帮助 1 万个年轻人创业，和他们一起提升心性，拓展经营。淡化私心，强化团队，打造幸福企业，为追求全体同仁物质与精神的幸福而努力奋斗。"

最后，感谢曹先生的鼓励，让我有机会向各位报告；感谢稻盛先生大爱无私的奉献。稻盛先生为企业家做出了经营的典范，他也是我们人生最好的导师。他让我们理解了"企业为何而生，人为何而活"。

感谢我的恩人梁先生，他给予了我最大的信任和支持，教导我们成为一个无私利他的人。谢谢您对台湾年轻人的帮助。让我们一起把爱传下去。

塾长点评

具备善良的心灵，秉持光明正大的企业目的

这是一个非常精彩的体验发言。我想今天参会的每个人都受到了深深的感动。从您的讲话中，我觉得最重要的是一开始同梁先生的会面。梁先生与您意气相投，他向您提出："我们一起来办一个大事业吧。目的是帮助台湾乃至世界上的孩子。"这成为一个出发点。这位梁先生说，通过"教育"来培育人才是非常困难的，而通过创业，就是通过开展事业来培养人才是最

有效的。我认为，梁先生的这个观点极为重要。所谓"教育"，只是通过头脑来学习，只是头脑在成长。然而，做工作、开展事业需要吃苦，需要受苦受累，这要使用整个身体，当然其中包括了使用头脑。我认为，只有在吃苦耐劳的过程中，人才会获得真正意义上的成长。所以正如梁先生所说，给予年轻人工作和创业的机会，这是帮人助人的最重要的方法。对这一点我有深刻的共鸣，非常认同。

同时，您还谈到喜欢录用年轻人中孝顺父母的、出生于贫困家庭的孩子，同他们一道工作。我一直强调，在开展一项事业的时候，最要紧的是"动机至善、私心了无"。就是说，你想开展这项事业吗？那么你首先要自问自答，自己的动机是善的吗？真的是善的吗？当你确信动机是善的，那你就开始干吧。在各种"善举"中，为世人、为社会尽力是最高贵的行为。所以，那些年轻人，那些虽然出身贫困，但心地善良、孝顺父母的孩子，把这样的少男、少女招集起来，给他们工作，让他们成功。我认为，因为您秉持了非常了不起的、纯粹的动机，那成功就完全是理所当然的事情。

您娓娓道来，说明在饮食行业不断发展的情形，您还打算今后不断地扩展事业。因为您的动机非常高尚，加上您拼命地努力工作。我认为，高尚的动机与拼命地努力工作相结合，那么，成功就是确定无疑的。

今后，在后半辈子，您还准备帮助更多的年轻人，和他们一起提升心性，拓展经营，淡化私心，强化团队，打造幸福的企业，您就是这么说的。真的非常了不起，虽然你们只是和年轻人一起创办乌冬面店，但是你们的言行举止犹如圣人一样。

我想今天聚集在这里的所有人都受到了强烈的感动。我坚信，具备如此善良的心灵，秉持如此光明正大的企业目的，一定会得到上天的眷顾，上天会支援你们，你们的事业一定会成功。而且事实也正是如此。您的人生就是这么一路走来，您也体验到了这些道理。听您的讲述，我感到很放心。谢谢您！

稻盛和夫

践行稻盛哲学，拨亮心中明灯

林朝阳　盛和塾（重庆）

重庆耐德工业股份有限公司董事长

尊敬的稻盛塾长，各位企业家朋友，大家早上好！

我是重庆耐德工业股份有限公司的董事长林朝阳，十分荣幸有机会与各位一起分享学习践行稻盛经营哲学的体会，希望各位朋友多多指教，更渴望得到塾长的教诲。

我们公司以前是国有小企业，始建于 1958 年。1998 年国有股份出售给公司员工，从此成为私人股份公司。1991 年在我 28 岁开始担任总经理时，公司只生产罗茨流量仪表一种产品，有 900 多名员工，年营业额在 900 万元人民币左右。经过 20 多年的时间，逐渐形成了石油天然气设备、环境设备和汽车摩托车零部件等几方面的产品，2012 年公司营业额近 20 亿元，员工有 2 000 多名。

公司在我担任总经理最初的 10 年左右里有较好的

发展，主要得益于公司的体制改变、机制转换以及产品的开发和市场的开拓。在中国市场经济的初期，处处都有发展机会，并且市场竞争尚不激烈。我们公司在发展到一定阶段后意识到凭经验式的管理无法支撑公司的发展，开始进行内部的管理体系建设，引入了先进的管理工具和方法。

我们 5 年前开始聘请日本专家常驻公司做顾问，指导我们推行丰田精益生产方式，同时，进行信息化建设实施 ERP、CRM、PLM 等管理系统，推行全员绩效考核等，先后投入资金超过 2 000 万元。我们期待这些先进的管理能带来显著的效果，但实际收效甚微，远远没达到预期的效果。加上金融危机的影响，公司这几年的经营出现了严重的危机，利润逐年大幅度下降，资金占用逐年大幅上升，尽管我们想了很多办法，采取了很多管理措施，包括引进职业经理人、请咨询公司、加大对员工的考核力度，不仅没有取得明显的效果，还引来员工不少的抱怨和反感。

苦苦思索中结缘稻盛经营哲学

面对巨大的危机和压力我苦苦思索。

我在 1983 年中专毕业时立志当企业家，1987 年在我 24 岁担任分厂厂长开始，就有把工厂搞好、干出一番事业的愿望。20 多年来我们花了很大的力气抓新产品的开发和市场销售，形成了现在的产品布局。应该说，我们所选的产品是很好的，符合国家产业发展方向，有广阔的市场，但并没能实现应该有的健康和快速的发展。究竟是哪里出了问题？虽然金融危机对经营有影响，但同样的环境下同行中不乏高增长的优秀企业，所以强调外在因素只是在为自己的无能找借口。问题还是出在我本人身上。

2012 年 6 月我参加了在重庆召开的稻盛和夫经营哲学报告会，思想受到强烈的震撼。对照稻盛塾长的经营哲学，我终于发现了自己从经营理念、思维方式到具体的经营管理方法等，都存在着许多十分严重的问题，这就是我们公司目前遇到发展瓶颈、产生严重经营危机的根本原因。我深刻地意识到稻盛哲学是指导我们公司朝着正确方向乘风破浪前进的灯塔。我下定决心，公司的文化建设就是学习践行稻盛经营哲学。我离退休还有十年时间，第一位的就是要让稻盛哲学在我们公司生根、开花、结果。

从 2012 年 8 月开始，我们组织公司部门经理以上干部及骨干员工学习稻盛塾长的《活法》《经营为什么需要哲学》《六项精进》《经营十二条》《稻盛和夫的实学：阿米巴经营的基础》等著作，每周组织小组讨论分享，每月组织一次全公司范围的分享，让各级领导对稻盛经营哲学思想有一个初步认识。

从 2012 年 12 月开始，我们聘请老师对全公司 2 000 多名员工分 7 批进行稻盛塾长经营哲学的培训，每次培训 4 天以上，从早上 8：30 至晚上 11：00 左右。2013 年 3 月开始，我们在全公司推行早会学习，每天早上利用 20 分钟左右的时间分单位、分部门组织员工

稲盛和夫

学习塾长的著作，并结合自己的工作和生活进行分享和交流，将塾长经营哲学的学习普及到全体员工。

开始组织干部和骨干员工学习塾长的著作时，很多人都不理解甚至反对。在组织第一期塾长经营哲学的封闭培训时，很多人都反感地认为，这是公司给大家进行的洗脑，我们的培训组织者几乎是求爷爷、告奶奶地请求员工参加培训。这类的培训在我们公司尚属首次，再加上公司管理上成堆的问题和员工对公司的诸多抱怨，我对能否组织好培训，心里一点把握都没有，非常担忧。

通过四天三夜的培训学习，大家对塾长经营哲学思想都能比较好地接受，很多员工都认同"打造幸福企业，实现幸福人生"。我们找对了方向、找到了方法。从此我们的培训组织起来就非常容易了，因为有许多已经参加过培训的员工义务宣传做动员，也有不少员工申请带家属和子女来参加。

我自1991年担任公司领导开始的十多年里，我本人和其他领导还能经常深入到一线和员工们一起工作，倾听员工的心声，比较好地得到了员工的认同和支持。当时我们在没有资金、没有技术、没有专业人才，也没有产品的情况下，可以说是白手起家发展新项目、开发新产品、开拓新市场。条件非常艰苦，工作非常困难，靠着对事业的梦想、上下一心的努力，取得了相比 2012 年 6 月接触稻盛经营哲学之前还要好很多的经营业绩。

塾长讲过中小企业像脓包，大了就会破，这在我们公司也体现无遗。随着公司规模逐渐增长、员工人数逐渐增多，产品种类和项目也越来越多。当年一起创业打拼的老员工因退休等原因不断减少，以前形成的好作风渐渐被丢掉了。公司很多员工工作消极被动，领导工作非常辛苦却没能取得好的业绩，效率降低、发展停滞，我们的小公司患上了大毛病。

冷静思考我们公司当下存在的问题，我认为主要的原因有以下几个方面。

　　以前我想成为企业家，经营公司的目的起初是为了生活富裕、有社会地位，到后来是为了让自己的人生有价值。事业只是自己个人的愿望和梦想，目标也只是自己个人的目标，公司经营业绩的好坏和员工没有什么关系。对于怎样的人生才是有价值的、人生的意义是什么，我自己心里并不真正明白。

　　把员工放在第一位，把"为员工创造物质和精神两方面的幸福，同时为社会做出积极贡献"作为公司的经营宗旨，以前凭我自己的能力是无论如何也想不到的，更不会在我们的企业里去践行。因为以前在我的内心深处认为员工是为公司打工的，公司只要为员工支付了报酬，我们就算是做好了。

　　以前我们对员工采取的是管控思维，以惩罚和奖励作为基本管理手段。我们以前总是错误地认为员工天生就是懒惰的，对员工不用严格的制度、严格的考核和奖惩，他们就不可能认真地工作。我们公司的各级领导一直以来都是从上到下对员工层层施加压力，常常对员工批评和惩罚。过去我们十分强调结果，只对好的结果进行奖励，没有认识到过程管理的价值和作用。

过去，我们过分注重各单位一把手的作用，对基层班子建设重视不够。重视对分、子公司领导以及技术骨干、销售骨干员工的激励，很少关心普通员工。导致员工工作消极被动，造成人才队伍断档，不能满足公司发展的需要。

过去我们推行管理方法的出发点就是为了约束员工，不让他们出错。没有让员工认识到 TPS、ERP、CRM 等先进管理方法对自己的意义，公司领导层强制推行，员工内心并不接受，所以效果非常不好。

我们一直没有认识到企业文化的作用，从来没有进行企业文化建设。企业的使命、愿景、价值观都没有搞清楚，更没有明确地提出来。公司倡导什么、反对什么，员工并不清楚。从我到公司的领导，到各事业部的领导、各分公司的领导都没有形成一个适合公司生存发展要求的正确的价值观和经营哲学思想。

学习稻盛经营哲学的初步措施

稻盛哲学内涵丰富、寓意深刻，不论从世界观、人生观、思维方式，还是方法论，都能给予我们具体而明确的指引。从"作为人，何谓正确"的原理原则出发，去思考面对一切问题，人生的意义在哪里，事业的目的和意义是什么，如何面对困难和失败，如何形成强烈的愿望，持之以恒把正确的事以正确的方式贯彻到底，工作是磨炼自己、提升心性最好的道场，到一线倾听产品的声音，等等。这些从实践中提炼的真知灼见无不给我们巨大的震撼。这些哲学思想，无疑都是极其正确的，如何能够为公司员工所共有，仅靠读著作和号召是没有什么作用的，必须找到正确的方法，采取有效的措施。

通过读书、培训、游学考察，针对我自己和公司的现状组织讨论，反思我们的思维方式、管理理念、工作作风以及公司的规章制度，依靠稻盛哲学来统一团队的思想，矫正我们的理念，找出差距，达成共识。明确我们今后的经营之路应该朝什么方向走、应该怎样走，以及改进完善公司的规章制度、优化管理流程，剔除非人性化的管控考核办法，让稻盛哲学在公司渗透落地。这是一项庞大的系统工程，虽然短时间内难以完成，但"不积跬步，无以至千里"，我们首先一步步做起来，让员工看到公司高层是真心实意地在践行稻盛哲学，为员工创造物质和精神两方面的幸福，而不是为了股东或高层的利益，忽悠大家。

我们已经做和正在做的措施有以下几点。

1. 明确提出了把员工放在第一位，提高员工的福利待遇

以前公司提出过把公司建设成为"员工快乐工作、幸福生活的好家园，员工实现人生价值的好舞台，为社会做出积极贡献的好法人"的"三好"只是停留在口头上，没有得到员工的认同。这次公司在全员大讨

稻盛和夫

论的基础上明确把塾长提出的"为员工创造物质和精神两方面的幸福，同时为社会做出积极贡献"作为公司的经营宗旨。这不再是一个口号，而是被赋予了深刻的内容。首先，从我开始到公司高管团队内心深处真正接受了这个思想，其次，公司制定并实施了一系列具体措施。以前公司实现了目标，只有经理层、管理层有数额不等的奖金，普通员工没有，2012 年我们提出实现不同的利润，全体员工可以得到 2 ~ 6 个月工资的奖金。在此基础上，为了更好地让员工享受公司的经营成果，我们制定了员工分红股制度，每年按照规定的利润比例和不同岗位的分红股数将利润分给员工。2013 年年初我们又提出了为普通员工增加工资的方案，由于经营困难，公司中层以上干部一分钱没涨，给普通员工平均涨工资 15%。同时，规定只要公司有承受能力就连续给全体员工每年涨薪和增加福利。公司 2013 年同时还为 40 岁以上的员工在国家规定的五险之外，购买了团体重大疾病商业保险，一旦出现重大疾病，员工可以得到 10 万元赔偿，此举解决了普通员工最担心的因病致贫的后顾之忧，得到员工的好评。公司还为经常出差的销售等人员投保了人身意外商业保险。每年按工资总额 1% 的比例提取福利费用，建立阳光基金，用于解决普通员工的结婚、生病、孩子上学、家庭突发意外等的资助。公司还研究制订了各类人员职业发展通道，及与之适应的薪酬体系。薪酬体系中体现了技能、职称、学历和工龄等主要因素，在员工奖金中体现对稻盛经营哲学的学习情况、价值观方面的内容，鼓励员工掌握多种技能，鼓励员工在职学习提升自身素质。公司还实行了骨干员工购房资助政策，针对普通员工工作时间短，经济负担重的情况，给予 5 万元、7 万元和 10 万元的购房资助。在职业发展通道上，营销、技术、管理、生产各方面的员工都可以不断晋升，直到享受总公司高管层领导的待遇，这些举措受到员工的欢迎。公司还确立了不主动辞退员工的原则，对岗位变动或岗位优

稻盛和夫

化多出来的员工，公司组织在内部调整，现有岗位安排不下的，公司开辟新的岗位，真正把员工当成自己的家人。

2. 打造员工交流平台，让员工享受到尊重的需求

以前我们的管理办法和措施主要是上面领导决定，下面员工执行，员工感觉得不到尊重，也没有主动性去发现和解决工作中出现的问题，都要等领导来做指示。"变要我做为我要做"必须解决好他们的归属感和认同感，真正解决好把员工当成公司这个大家庭成员的问题。公司在 OA 上开辟了稻盛经营哲学学习讨论区，同时开通公司内部微博系统"耐德云之家"，所有员工都可以发表自己的观点和思想，发表对公司的意见和建议，正面、反面的我们都欢迎，充分尊重员工的言论自由。我本人也经常登录这些平台，对正面的我及时给予肯定，消极的或反面的不去指责和批评，而是循循善诱，摆事实，讲道理。对员工提出的建议和反映的问题及时予以解决

或者解释，重新建立起员工对于公司的信赖。我还学着稻盛塾长的做法，组织基层员工的恳亲会，下了班在食堂摆几桌，和员工们开怀畅饮，畅谈工作和生活，了解他们的想法。从这些活动中，我受到很多的感动，发现我们的员工非常优秀，他们对公司的热情关心，对公司发展的认真思考，让我体会到员工的可爱可敬。我们公司之所以没有经营发展好，是因为我本人的无能。

我们还建立了由 140 多人组成的覆盖到基层班组的企业文化官队伍，这些文化官来自基层一线，他们的任务是下情上传、上情下传、收集民意、传播公司的价值观，起"同心结"和桥梁的作用。同时我们赋予了文化官相应的权力，公司有关员工的制度出台必须经过文化官的讨论，员工晋升要听取文化官的意见，阳光基金分配由文化官组织讨论并有最终决定权，公司还赋予文化官受理员工对行政处罚不满的投诉和仲裁权。这些措施调动了文化官的积极性，员工也把他们视作自己的知心朋友，从组织架构上保证了信息沟通的有效性，员工受到较好地尊重。

3. 发挥表率作用，凝聚团队战斗力

我本人在以往的工作中，形成了不少自以为是的经验，对照塾长的经营哲学思想，我的这些经验存在很多错误和问题。我意识到这一点，努力地思索要改变思维方式。我和管理团队共同学习塾长的经营哲学，同时努力践行，不断地提高自己的心性，自身也慢慢地被影响和改变。为了解决公平公正的问题，大家一门心思做事业，我提出经营管理层领导不能自己或亲朋好友与公司发生关联交易，我的兄弟以前承接公司的保险业务，我带头提出他不能再做了，并从 2013 年开始做到了这一点，由于我的兄弟没有其他工作，所以他没了生活来源，我拿出自己的钱对他进行资助。我本人持有公司50.1% 的股权，为了实现和员工共命运，我提出只保留其中10% 的分红权，其他股权分红全部拿出来建立公司发展基金，并说服夫人和儿子签署了相关法律文件，

形成不可更改的制度。我还把稻盛哲学带到家中去，夫人、孩子和我一起学习分享稻盛的哲学思想，他们的进步也非常显著。我们在一起讨论问题时，常常把稻盛怎么说的、怎么做的作为统一全家认识的依据。

4. 改进和完善现有制度

稻盛哲学要真正渗透落地，除了坚定的决心、正确的思维方式和正确的思想外，基于原有心性基础上制定的制度必须要做出修改。修改完善各项制度是一项非常复杂的工程，我们从反应最强烈、对工作制约最明显的几个方面先着手改进。2013年我们改革了考核办法，以前的办法中多重考核、苛刻和不切合实际的地方明显，指标是上级下达的，员工没有把完成任务从内心深处当成是自己的事，造成了考核起不到鞭策和激励的作用。公司旗下有一个与日本新明和株式会社合资的公司，他们有一套从日本学习来的考评体系，我们2013年结合着稻盛哲学，就试行用日本的考核方式来改进。新的考评办法不再以扣钱为主，而是着重于解决问题，引导各级领导抓重点问题和难点问题。对员工工作中的不足，把以前的批评和惩罚变为帮助查找问题的原因，探讨解决问题的办法，在帮扶中提高管理能力和水平。在分配制度上，根据不同公司的不同情况，设立不同的工作目标，根据完成工作目标的情况都给予相应的物质与精神奖励。

取得的初步成果

在我们还没有学习稻盛哲学的两年多前，我们聘请第二位日本专家指导精益生产，开始没多久日本专家找我交流，由于受到几乎所有员工的抵制他工作无法开展，看到他痛苦不堪的样子，我当时非常担心他提出辞职、解除合同。在后来的几次交流中，他仍然是焦头烂额、非常难过，我又非常担心他由于压力太大而精神崩溃，出问题。他坚持了一年多，到了2012

年年底，因为学习和践行稻盛哲学，公司员工有了积极的变化，对精益生产有了热情和主动性，生产现场的 6S 得到明显改进，2013 年来全公司共发布了 5 期 100 多项 QC 成果，员工们主动发现问题并运用 QC 方法和工具解决了很多多年一直未能解决的生产、技术、质量、安全等方面的老大难问题，生产中的浪费在大幅减少，生产资金占用在明显减少，生产周期在缩短，效率在明显提高。日本专家深受鼓舞，工作非常快乐，最近又和我们签了新一轮的顾问指导合同。

订货增加明显。我们和销售人员、售后服务人员共享了稻盛哲学，提升心性。公司经营层认真听取他们的工作建议，及时修改相关考核制度和差旅费制度。领导也加强了过程跟踪和现场问题的处理。2013 年全公司订货增加明显，尤其是能装事业部到 8 月底，订货同比增加了 78%。

员工精神面貌发生很大的改变。公司学习稻盛哲学后，建立了早会制度，全体人员参加早会，学习稻盛著作，分享学习心得，讲评工作，表扬好人好事，传达公司的最新动态，明显提升了员工的工作热情。

最近发生的一件事让我深受感动，公司制造中心有一个真空泵制造小组，在组装完成试机时，发生了机器损坏事故，大家都非常着急，竟然有人当场哭了起来，员工们认真查找原因和解决问题的办法。这种问题要是出现在以前，是不可能有人为此心疼的，甚至还会站在旁边看笑话或者幸灾乐祸，我从他们身上看到了蕴藏在员工内心深处强烈的责任感和巨大的潜能，员工是公司最大的价值。

下一步的想法

践行稻盛经营哲学只有起点，没有终点。目前还仅仅是开了一个头，我们制订了践行稻盛哲学阶段推进方案，将一步步扎实推进下去。

重点要做的工作是确定公司的使命、愿景、价值观，制订耐德企业文化和哲学手册。同时通过培养内部讲师，持续培训，打牢践行塾长经营哲学的基础，在实现哲学共有的基础上逐步推行阿米巴经营。在取得一定经验的前提下，向公司 1 000 多家供应商和客户分享和传播稻盛经营哲学思想，使塾长的哲学影响更多的人。

以上是我们践行稻盛经营哲学的一些初步实践。能和稻盛塾长同处一个时代，是我们的幸运，能亲身聆听塾长的教诲，更是我们的幸福。

我也非常感谢我们的管理团队和股东，是他们给了我莫大的理解、信任和支持，使我能够在公司践行塾长的经营哲学。我相信践行稻盛哲学的道路一定是正确的，一定会取得非常好的结果。我将用退休前的 10 年时间，付出不亚于任何人的努力践行塾长的经营哲学，"为员工创造物质和精神两方面幸福，同时为社会做出积极贡献"，把我们公司建设成为幸福企业。

谢谢大家！

谢谢稻盛塾长！

稻盛和夫

大善伴随着严厉甚至严酷的爱

听了您的讲话，我非常感动！从国营企业向民营企业转制，您当总经理的时候正好同我创业时的年龄一样。开始时企业规模很小，通过20几年的奋斗，企业已经发展到相当大的规模。就这一点而言，我想，您走过的路和我过去的经历有类似之处。

从两个方面说一说我的意见。首先，我经营企业的根本思想，也就是企业经营的目的就是"追求全体员工物质和精神两方面的幸福"。这一条比什么都重要，我一贯以来就遵循这条原则。您学到了这一条，并在经营中实践这一条，刚才您做了许多具体的说明。同过去相比，大幅度改善了员工们的待遇。过去的想法是用尽可能低的工资雇用员工就行了，对不听话的员工加以惩罚，靠奖惩激励员工，提高效率。这是过去使用的方法。现在您把"追求全体员工物质和精神两方面

218

的幸福"作为企业目的，既然做了这样的决定，就要改善员工的待遇，对此您采取了各种措施，做了种种说明。您也确实大幅度地提升了员工待遇。

因为我自己也决心要实现全体员工物质和精神两方面的幸福，并在经营中贯彻至今。但这一点也不能做得过分。给员工们加工资、加奖金，大家当然很高兴，会追随经营者、协助经营者。但这里有个程度的问题，究竟什么程度为好，我常常苦恼不已。

之前我曾考虑过"利润三分法"等方法。比如，税前利润是100，在日本，50要交税，要交给国家，留在公司的只有50。因此，设想在税前利润出来之前，有150的余裕，将其中的50分配给员工。剩下100，其中50作为税金交给政府，50作为企业留存。就是把利润一分为三。在税前利润算出来之前，将相当于税前利润的一半预先分给员工。

给员工增加待遇，员工当然高兴，但一旦经济萧条到来，这时要降低员工的工资待遇事实上非常困难。

给员工待遇过高，当时皆大欢喜，看起来很好。但企业必须有长期打算，要考虑到今后20年、30年甚至100年。这么思考，就不仅是当前工资的问题，我经常给大家讲到大善和小善的问题。所谓小善，"好啊好！"大家都会叫好，但往往流于"溺爱"。而大善是伴随着严厉甚至严酷的爱。我常常强调，这种包含了严厉的爱才是正确的，才是最重要的，才是大善。希望您认真思考这一点。

在股权分红处理上，体现了您美好的心愿，向员工们表明，您自己在抑制利己的欲望。您在这方面干净利落的做法，真的很美好、很了不起。

稻盛和夫年表

1932 年　出生于日本鹿儿岛县鹿儿岛市药师町。

1951 年　考入鹿儿岛大学工学部应用化学专业。

1955 年　从鹿儿岛大学毕业后进入日本京都府的
　　　　绝缘体制造公司松风工业。

1959 年　创办京都陶瓷株式会社。

1971 年　公司股票在日本的大阪证券交易所第二
　　　　部、京都证券交易所上市。

1976 年　公司股票在美国证券交易所上市。

1982 年　公司名称变更为"京瓷株式会社"。

1983 年　成立旨在培养年轻经营者的经营塾——
　　　　盛友塾（现名盛和塾）。

1984 年　个人出资成立稻盛财团，担任理事长；
　　　　顺应电信事业自由化趋势，成立第二电
　　　　电企划株式会社，并担任会长。

1985 年　成立第二电电株式会社（DDI），担任
　　　　会长；
　　　　举办第一届京都奖颁奖典礼。

1995 年　受中国投资发展促进会邀请，在北京人
　　　　民大会堂作题为"经营为何需要哲学"
　　　　的演讲。

2000 年　DDI、KDD、IDO 合并成立 KDDI（电气
　　　　通信事业公司），担任 KDDI 的名誉会长。

2001 年　担任 KDDI 的最高顾问；
　　　　设立"稻盛京瓷西部开发奖学基金"，为
　　　　中国西部地区品学兼优的贫困大学生提
　　　　供经济援助。

2003 年　被卡内基协会授予"安德鲁·卡内基博
　　　　爱奖"。

2004 年　被中日友好协会授予"中日友好使者"
　　　　称号；
　　　　在中共中央党校作了题为"致新时代的

中国领导人"的演讲。

2005 年　著作《活法》在中国出版。

2009 年　在清华大学经济管理学院作了题为"把
萧条视为再发展的飞跃台"的演讲；
在北京大学国际 MBA 学院作了题为"经
营为何需要哲学"的演讲。

2010 年　就任日本航空公司会长；
提议并投资成立稻盛和夫（北京）管理顾
问有限公司，并担任名誉董事长；
在稻盛和夫经营哲学北京报告会上作题
为"经营为何需要哲学"的演讲。

2010 年　在稻盛和夫经营哲学青岛国际论坛上作
题为"经营十二条"的演讲。

2011 年　出席稻盛和夫《活法》50 万册庆典活动，
并作了题为"人为什么活着"的演讲；
在稻盛和夫经营哲学广州报告会上作题
为"阿米巴经营带来企业持续发展"的

演讲；

在稻盛和夫经营哲学大连报告会上作题为"京瓷会计学"的演讲。

2012年　就任日本航空公司名誉会长，当年9月19日，日本航空公司在东京证券交易所重新上市；

在稻盛和夫经营哲学重庆报告会上作题为"领导者的资质"的演讲。

2013年　在稻盛和夫经营哲学成都报告会上作题为"企业统治的要诀"的演讲。

关于盛和塾

稻盛和夫经营研究中心（"盛和塾"）是企业经营者学习、亲身实践稻盛和夫的人生哲学、经营哲学与实学、企业家精神之真髓的平台。塾生通过相互切磋、交流，达到事业隆盛与人德和合，成为经济界的中流砥柱、国际社会公认的模范企业家。

1983 年，京都的年轻企业家们向稻盛先生提出了一个愿望——"给我们讲解应该如何开展企业经营"。以此为契机，由 25 名经营者组成的学习会启动了。至 2019 年底，全世界"盛和塾"已发展到 104 个分塾，除日本外，美国、巴西、中国、韩国相继成立了分塾。

2007 年，曹岫云先生率先发起成立中国大陆地区第一家盛和塾——无锡盛和塾，并任首任会长。

稻盛和夫

2010年，稻盛先生亲自提议成立稻盛和夫（北京）管理顾问有限公司（以下简称"北京公司"），作为总部负责中国盛和塾的运营。

北京公司成立之初，稻盛先生即决定在中国召开塾长例会，即稻盛和夫经营哲学报告会，后更名为盛和塾企业经营报告会。2010年至今，13届盛和塾企业经营报告会先后举办。盛和塾企业经营报告会已成为一年一度企业经营者学习、交流稻盛经营学的盛会。

2019年底，稻盛先生宣布关闭世界范围内的盛和塾，仅保留中国的盛和塾继续运营。2020年11月14～15日，盛和塾第13届企业经营报告会在郑州举办，稻盛经营学研究者、实践者做现场发表，3000余名企业经营者现场参加了会议。

盛和塾成立30多年来，不仅会员人数不断增加，学习质量也不断提高，其中有100多位塾生，他们的企业已先后上市。这么多的企业家，在这么长的时间内，追随稻盛和夫这个人，把他作为自己经营和人生的楷模，这一现象，古今中外，十分罕见。

盛和塾的使命：帮助企业家提高心性、拓展经营，实现员工物质与精神两方面的幸福，助力中华民族伟大复兴，促进人类社会进步发展。

盛和塾的愿景：让幸福企业遍华夏。

盛和塾的价值观：努力、谦虚、反省、感恩、利他、乐观。

盛和塾公众号　　　　盛和塾官方网站　　　　稻盛和夫线上课堂

序号	书号	书名	作者
1	9787111635574	干法	【日】稻盛和夫
2	9787111590095	干法（口袋版）	【日】稻盛和夫
3	9787111599531	干法（图解版）	【日】稻盛和夫
4	9787111498247	干法（精装）	【日】稻盛和夫
5	9787111470250	领导者的资质	【日】稻盛和夫
6	9787111634386	领导者的资质（口袋版）	【日】稻盛和夫
7	9787111502197	阿米巴经营（实战篇）	【日】森田直行
8	9787111489146	调动员工积极性的七个关键	【日】稻盛和夫
9	9787111546382	敬天爱人：从零开始的挑战	【日】稻盛和夫
10	9787111542964	匠人匠心：愚直的坚持	【日】稻盛和夫 山中伸弥
11	9787111572121	稻盛和夫谈经营：创造高收益与商业拓展	【日】稻盛和夫
12	9787111572138	稻盛和夫谈经营：人才培养与企业传承	【日】稻盛和夫
13	9787111590934	稻盛和夫经营学	【日】稻盛和夫
14	9787111631576	稻盛和夫经营学（口袋版）	【日】稻盛和夫
15	9787111596363	稻盛和夫哲学精要	【日】稻盛和夫
16	9787111593034	稻盛哲学为什么激励人：擅用脑科学，带出好团队	【日】岩崎一郎
17	9787111510215	拯救人类的哲学	【日】稻盛和夫 梅原猛
18	9787111642619	六项精进实践	【日】村田忠嗣
19	9787111616856	经营十二条实践	【日】村田忠嗣
20	9787111679622	会计七原则实践	【日】村田忠嗣
21	9787111666547	信任员工：用爱经营，构筑信赖的伙伴关系	【日】宫田博文
22	9787111639992	与万物共生：低碳社会的发展观	【日】稻盛和夫
23	9787111660767	与自然和谐：低碳社会的环境观	【日】稻盛和夫
24	9787111705710	稻盛和夫如是说	【日】稻盛和夫
25	9787111718208	哲学之刀：稻盛和夫笔下的"新日本 新经营"	【日】稻盛和夫